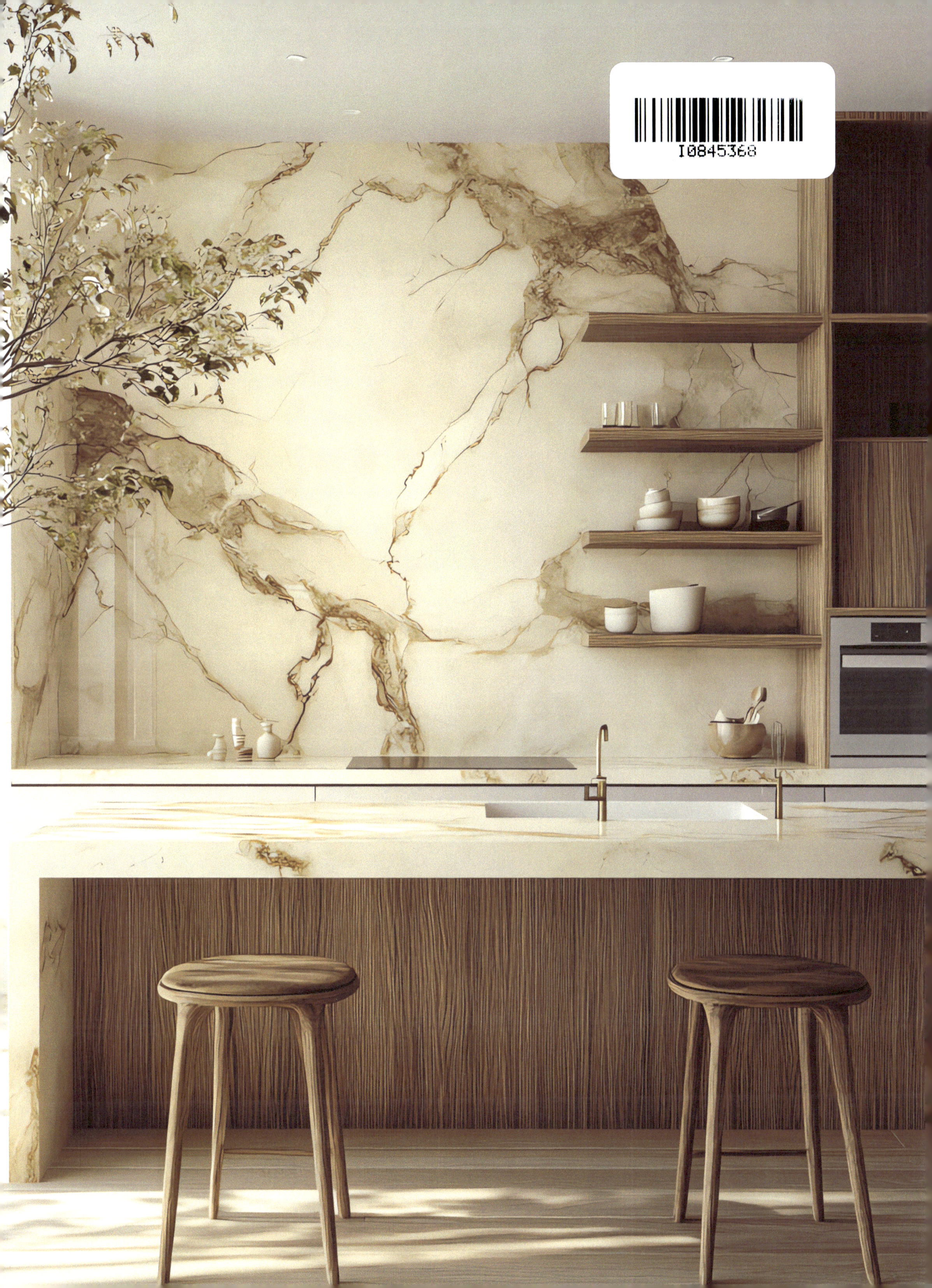
I0845368

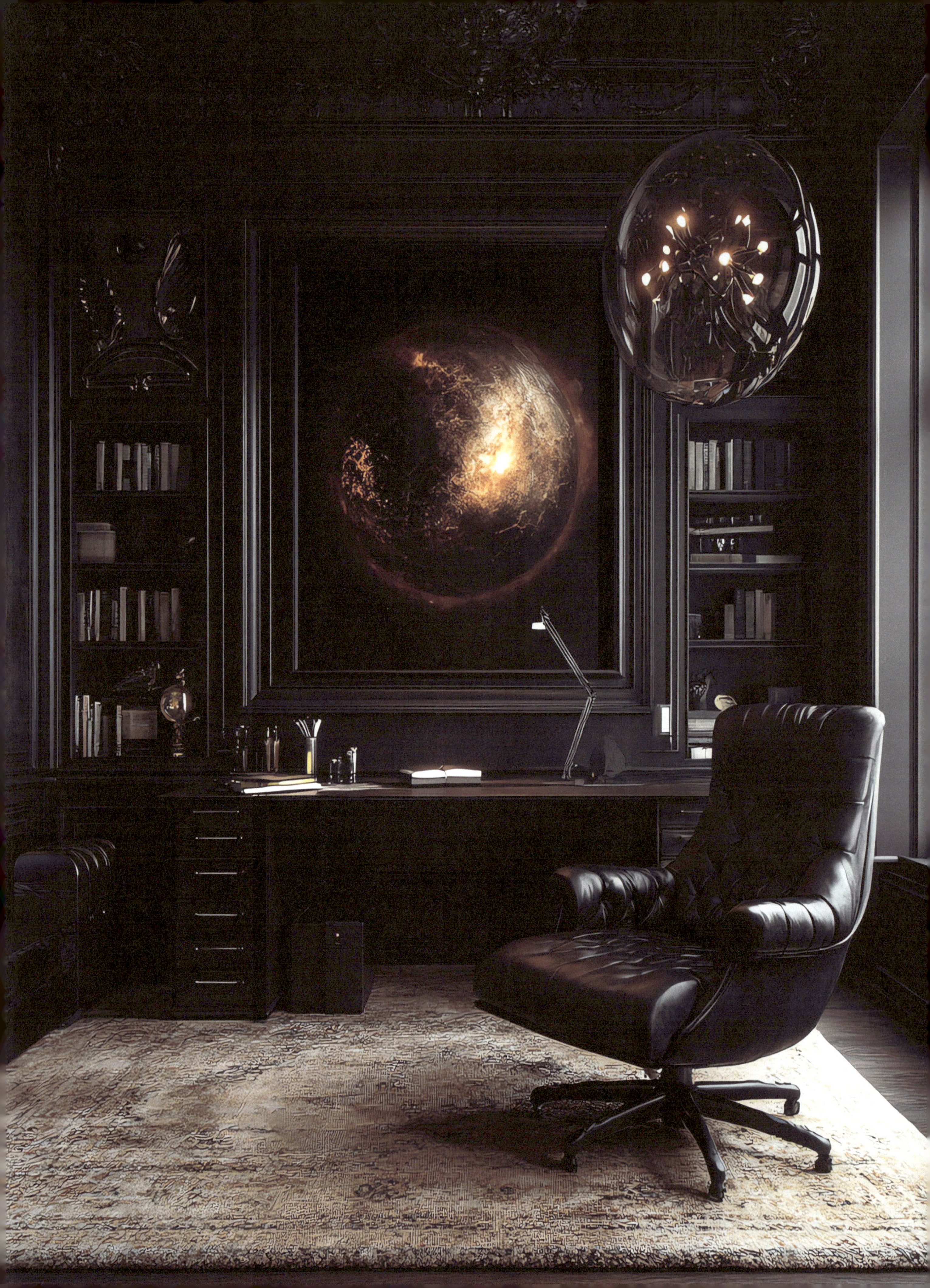

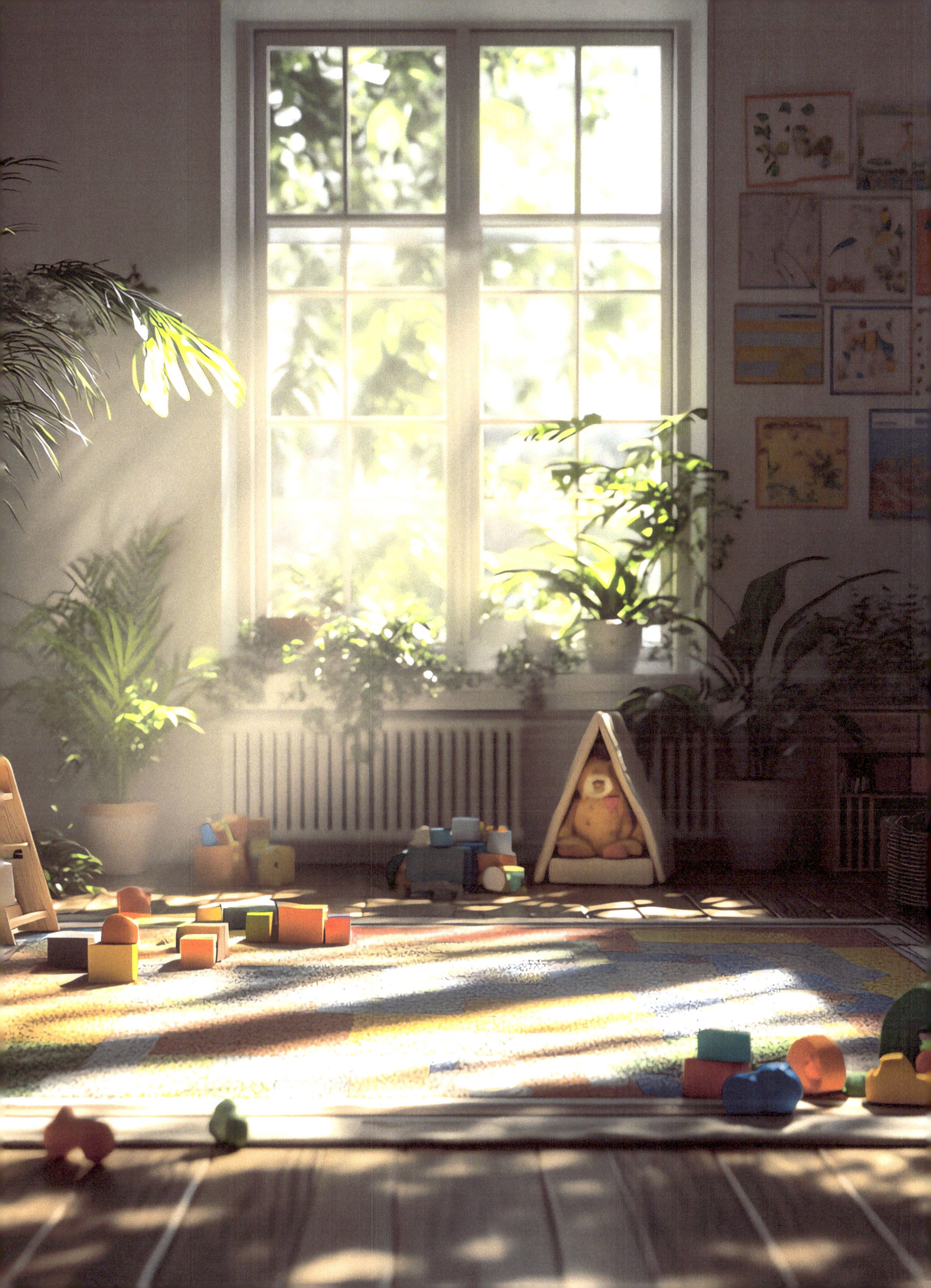

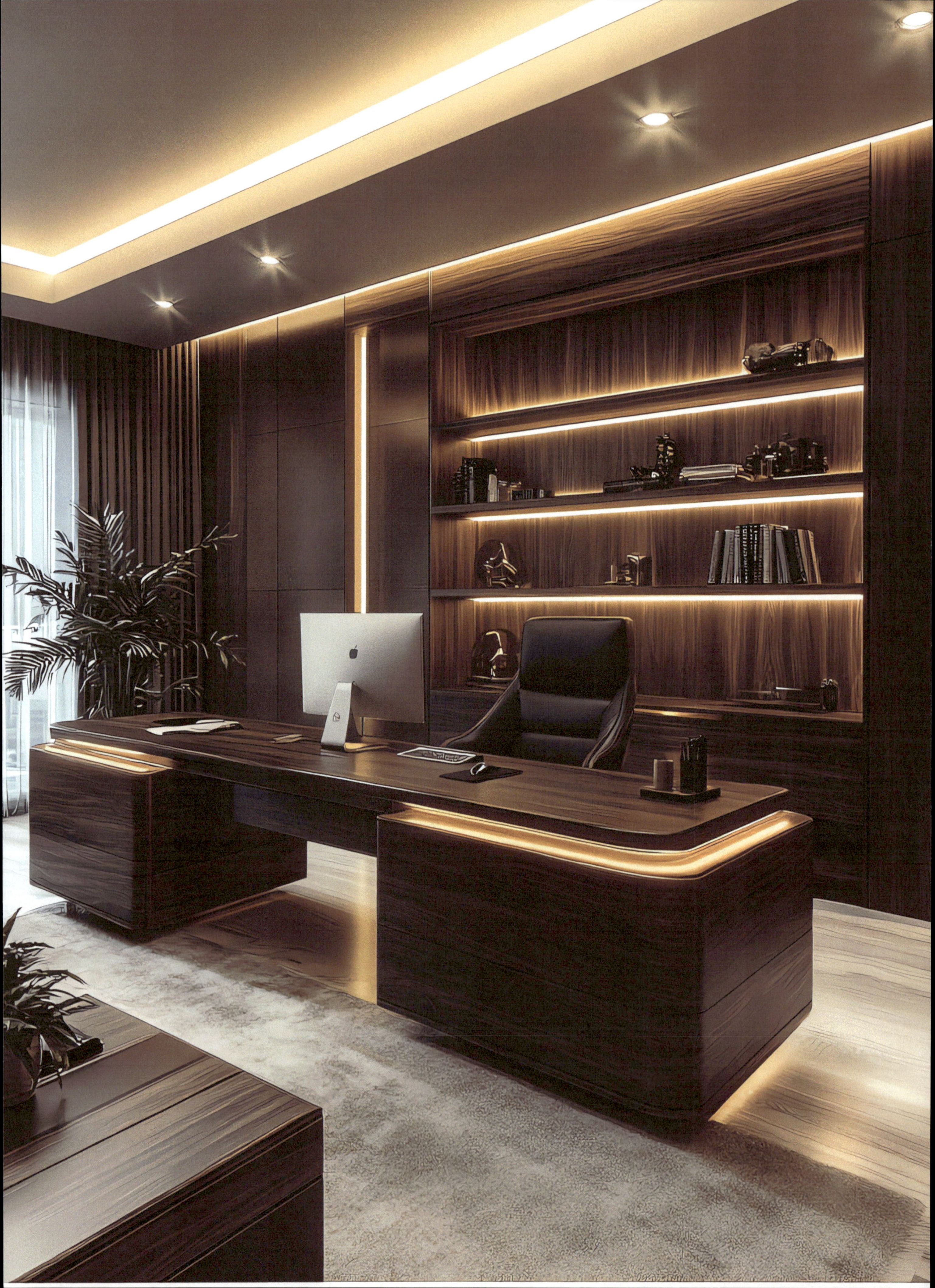

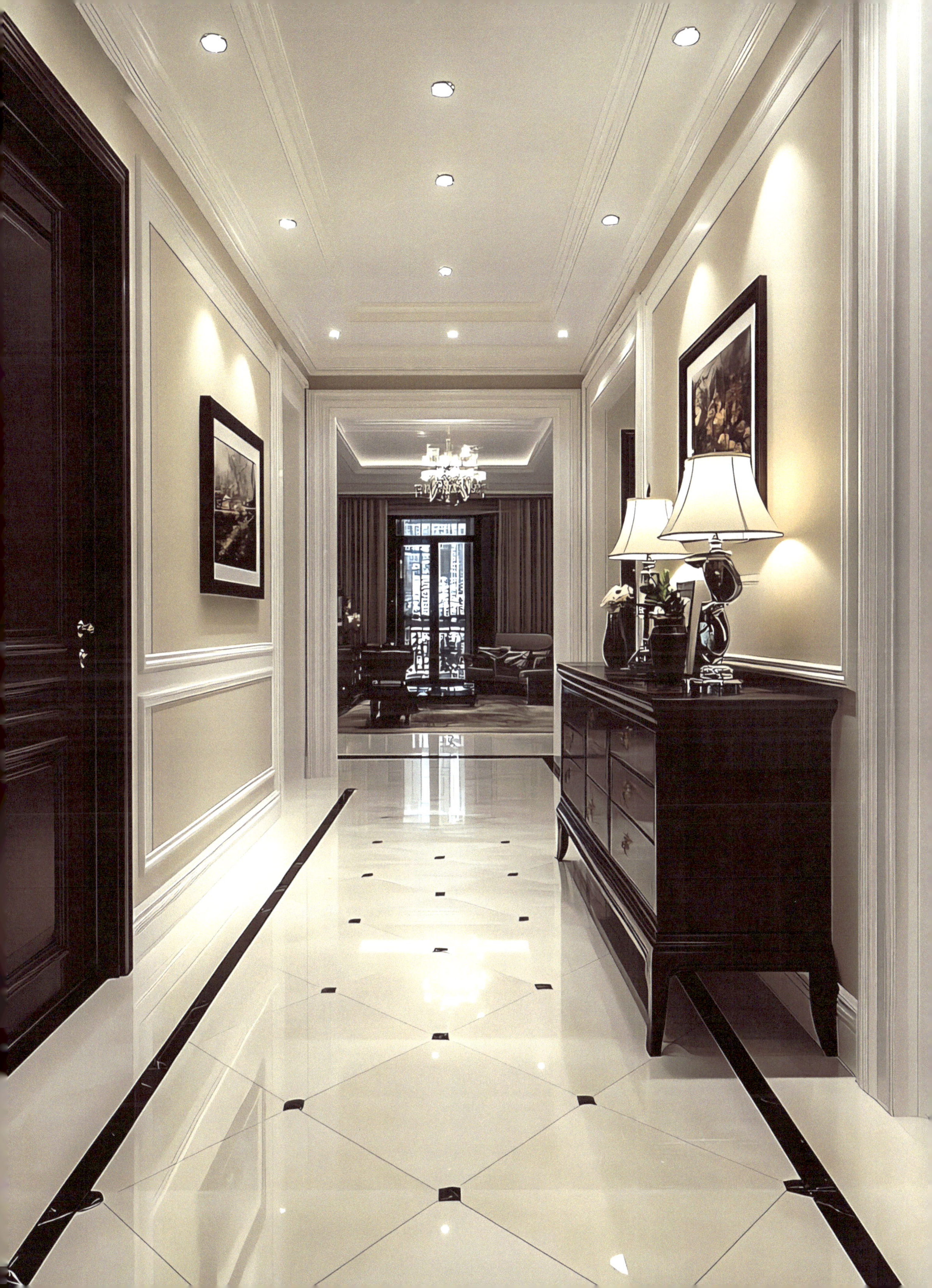

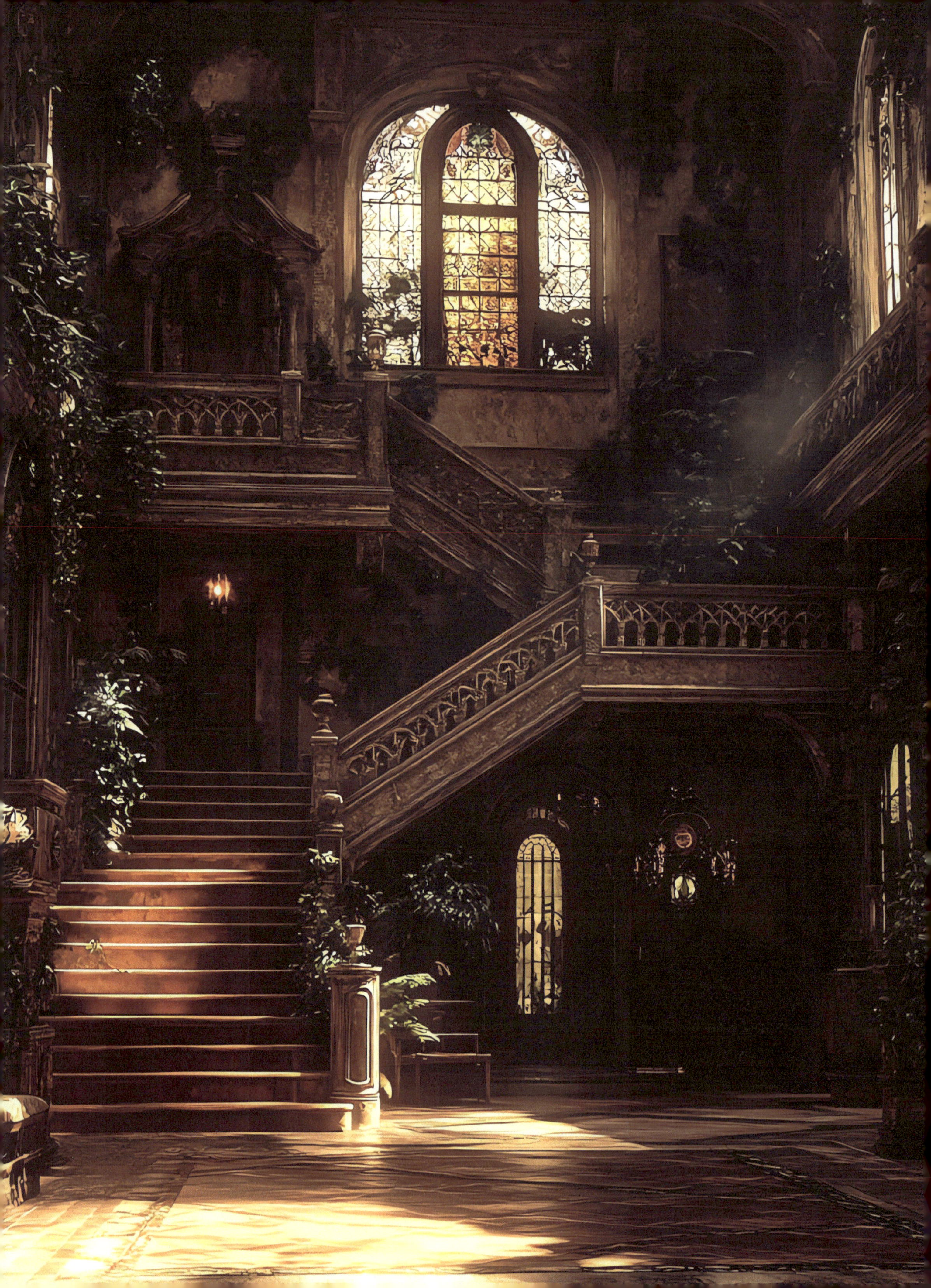

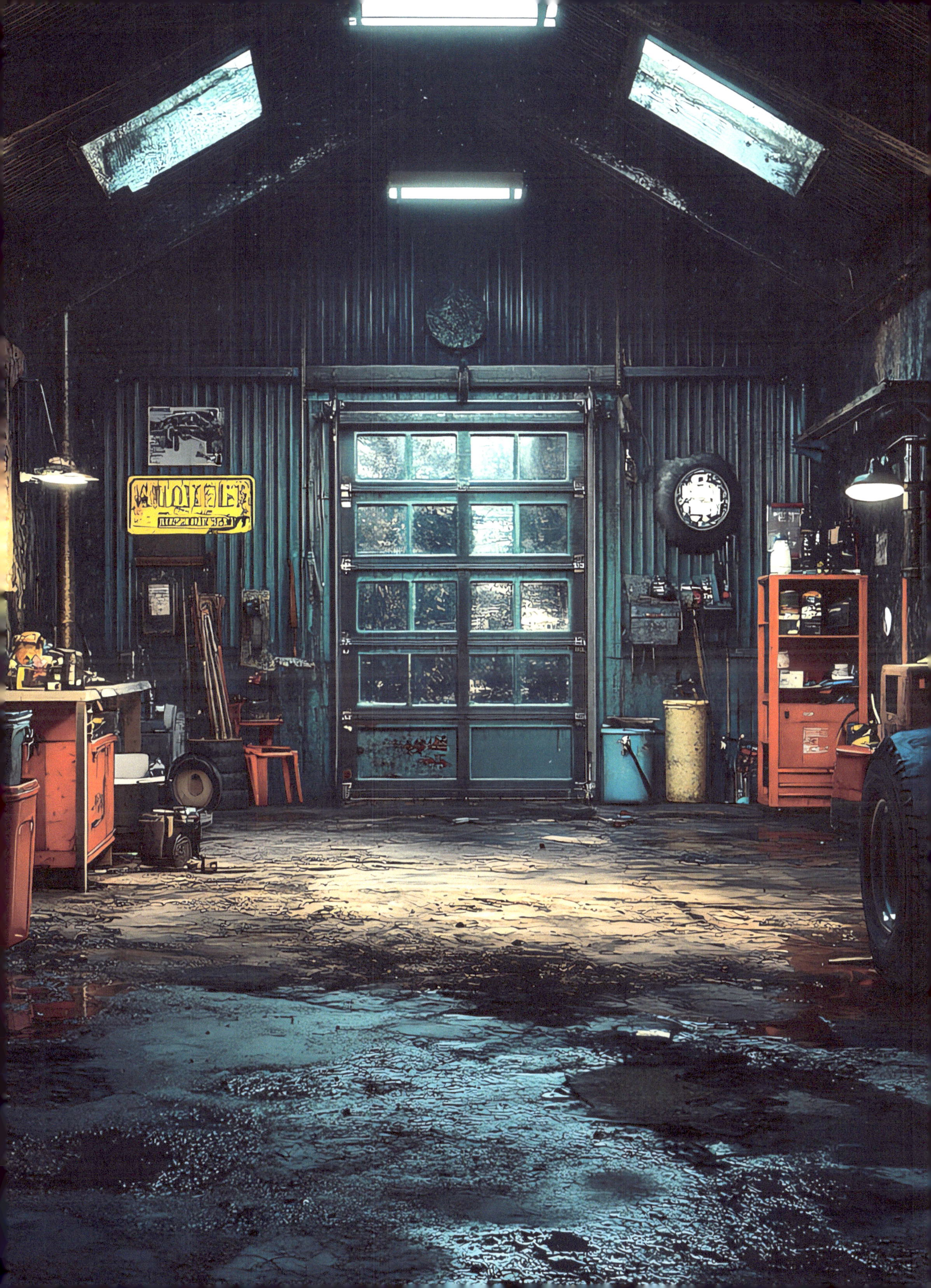

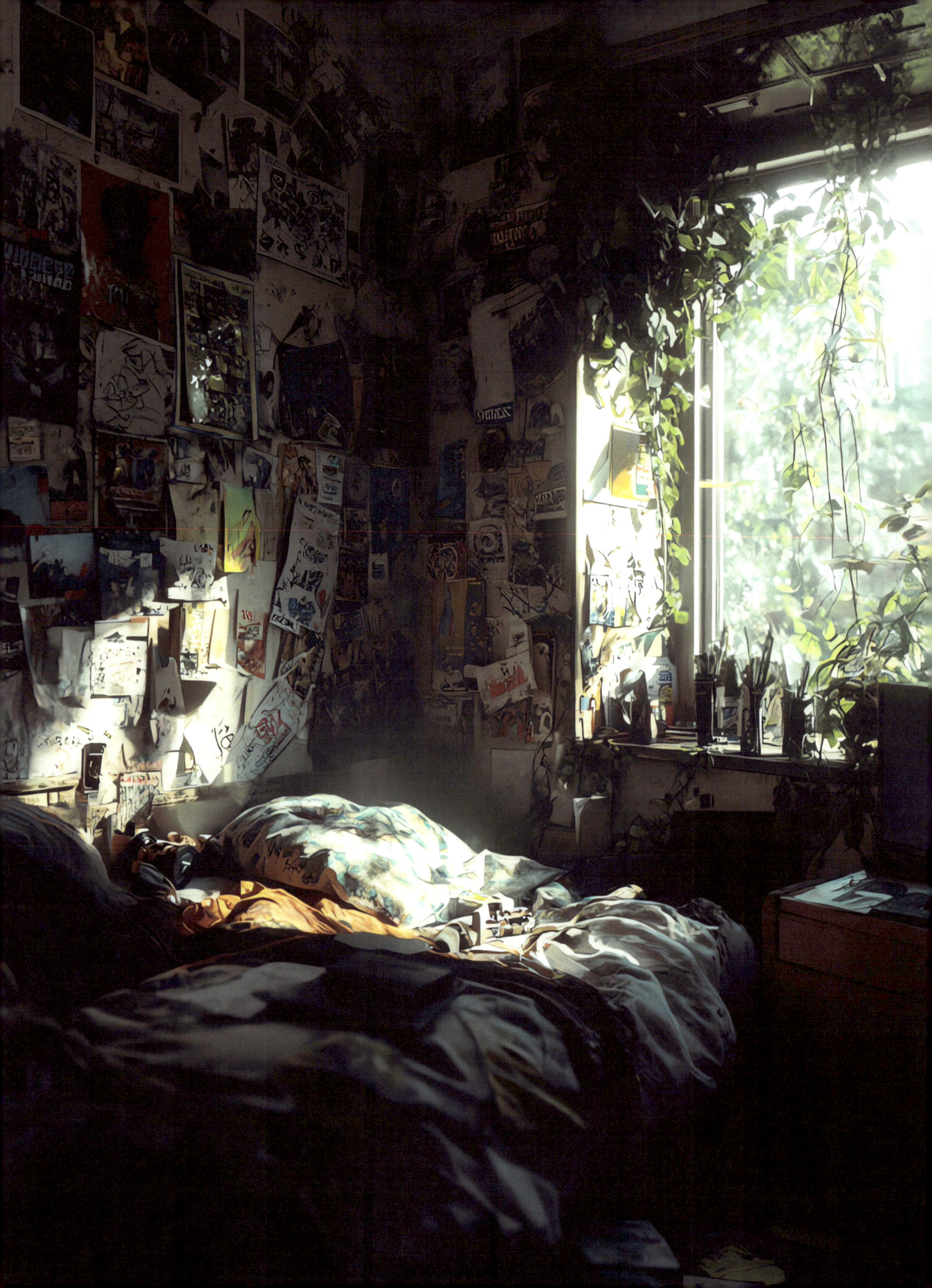

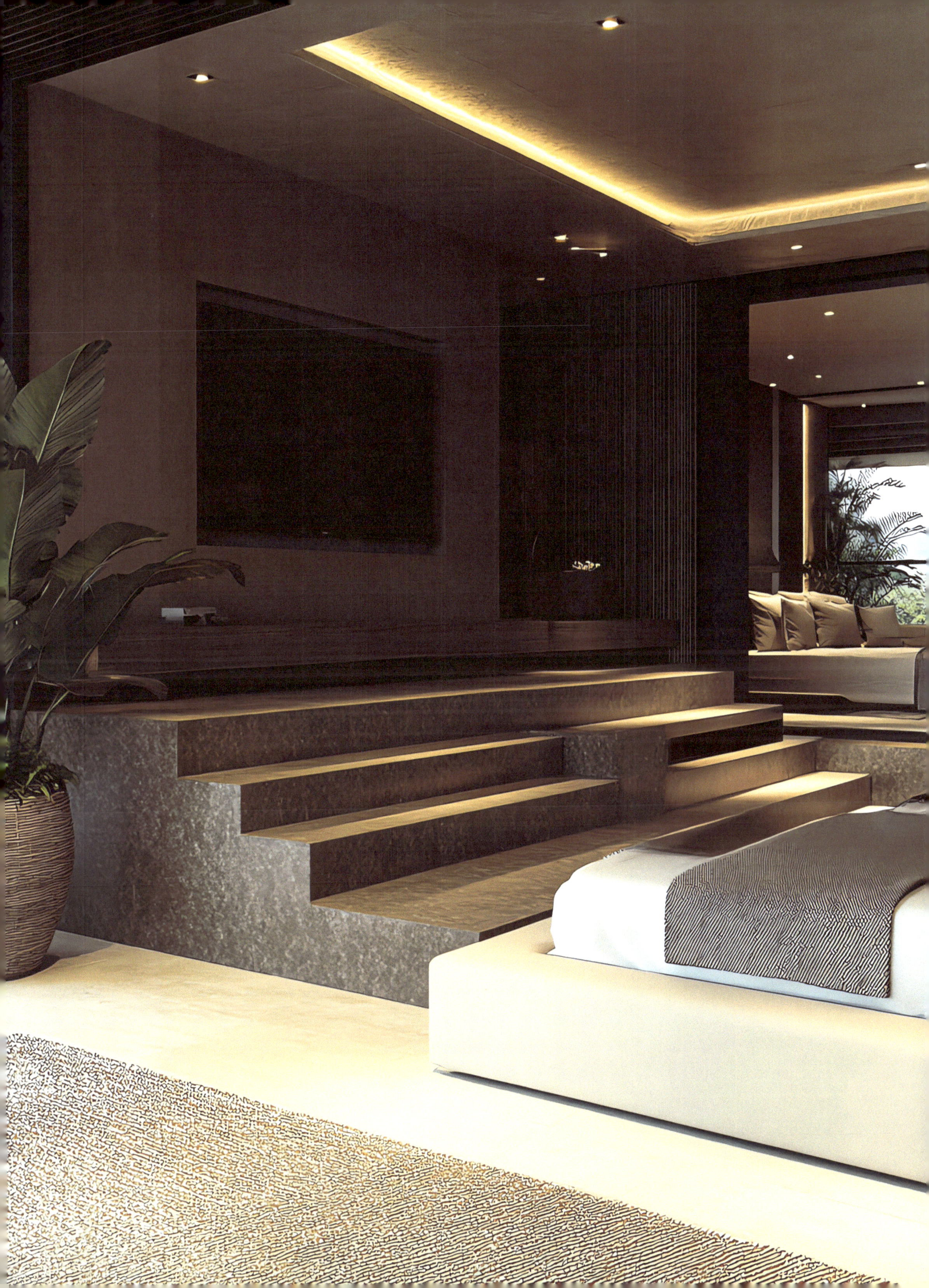

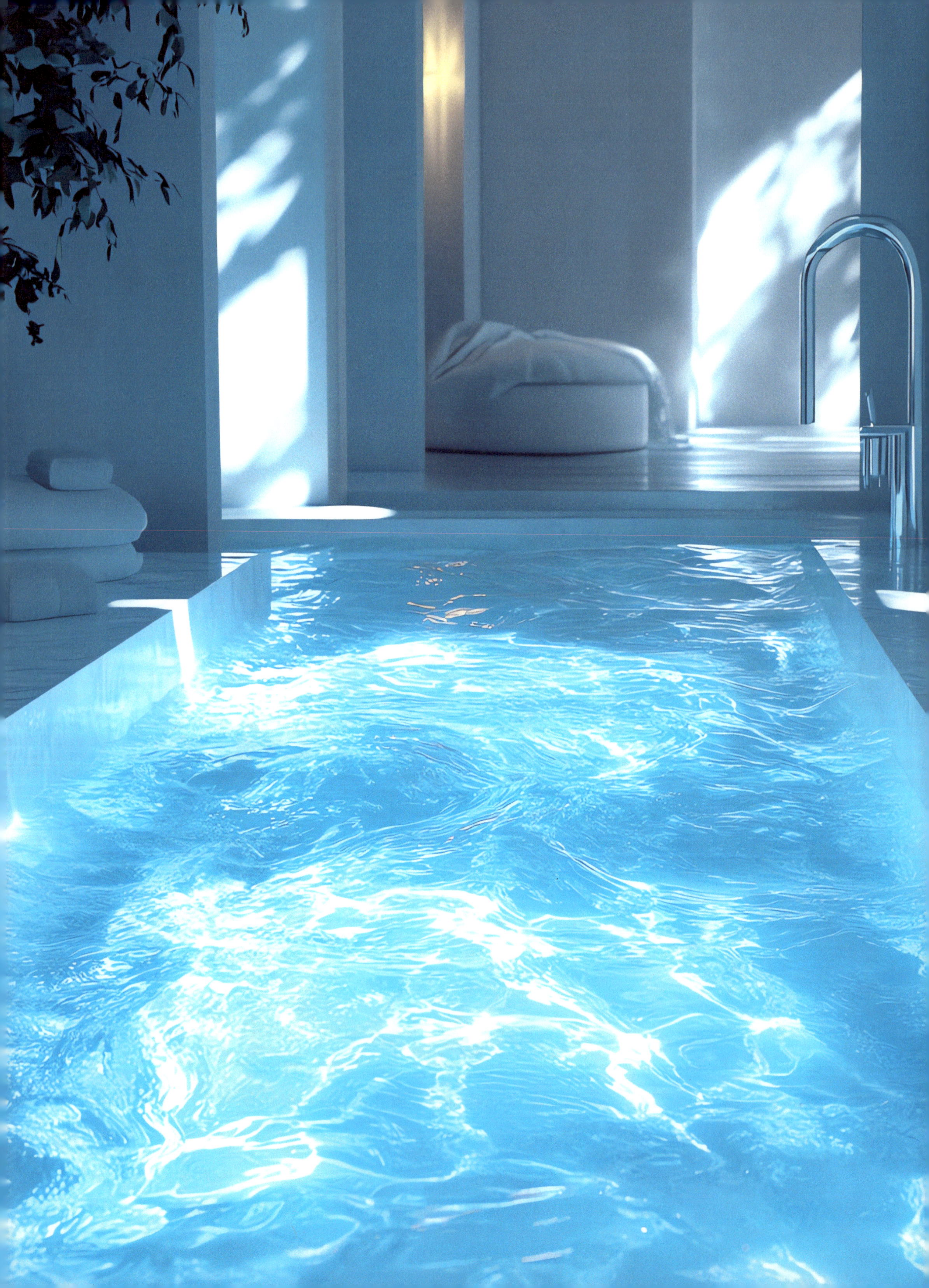

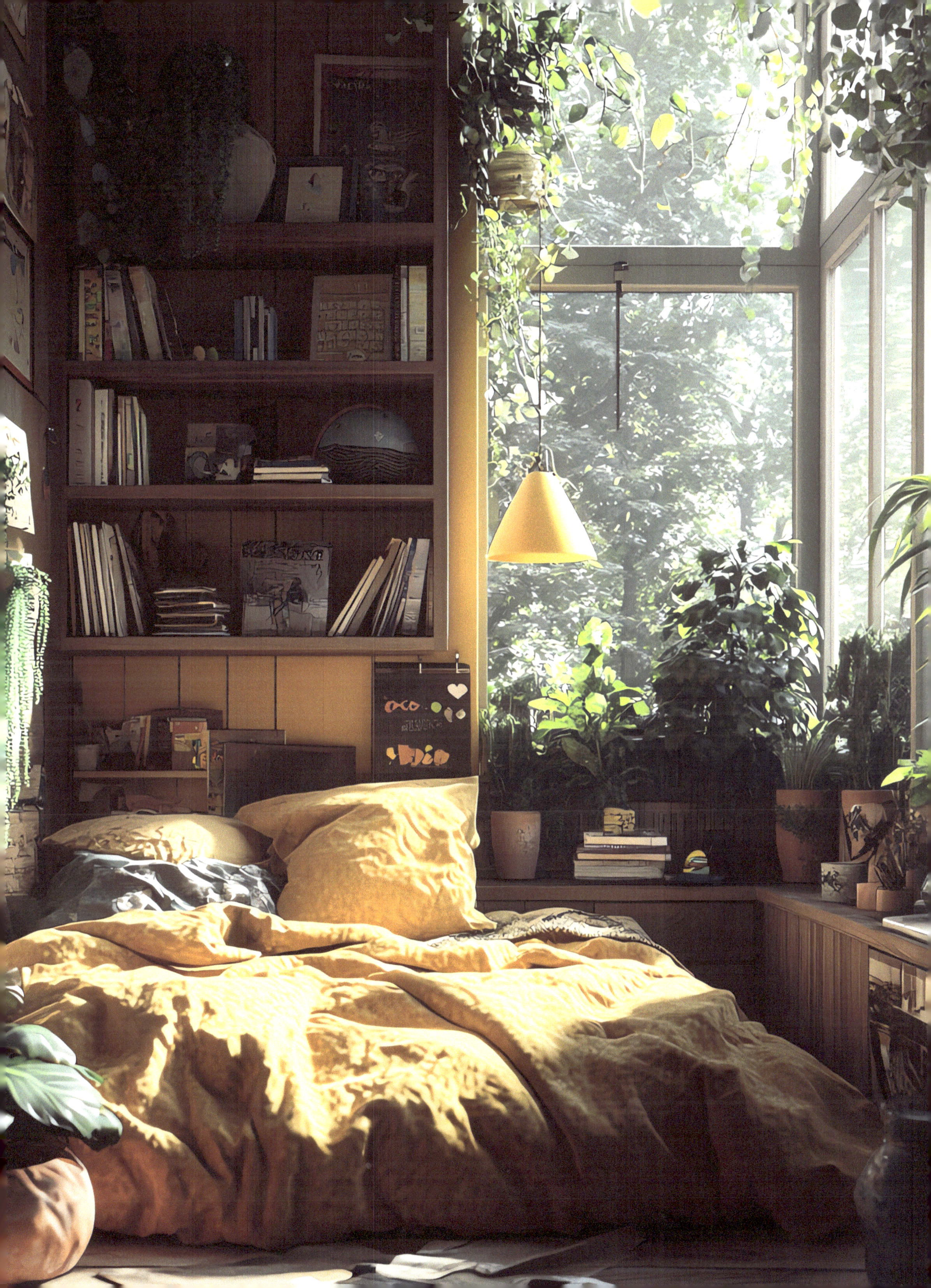

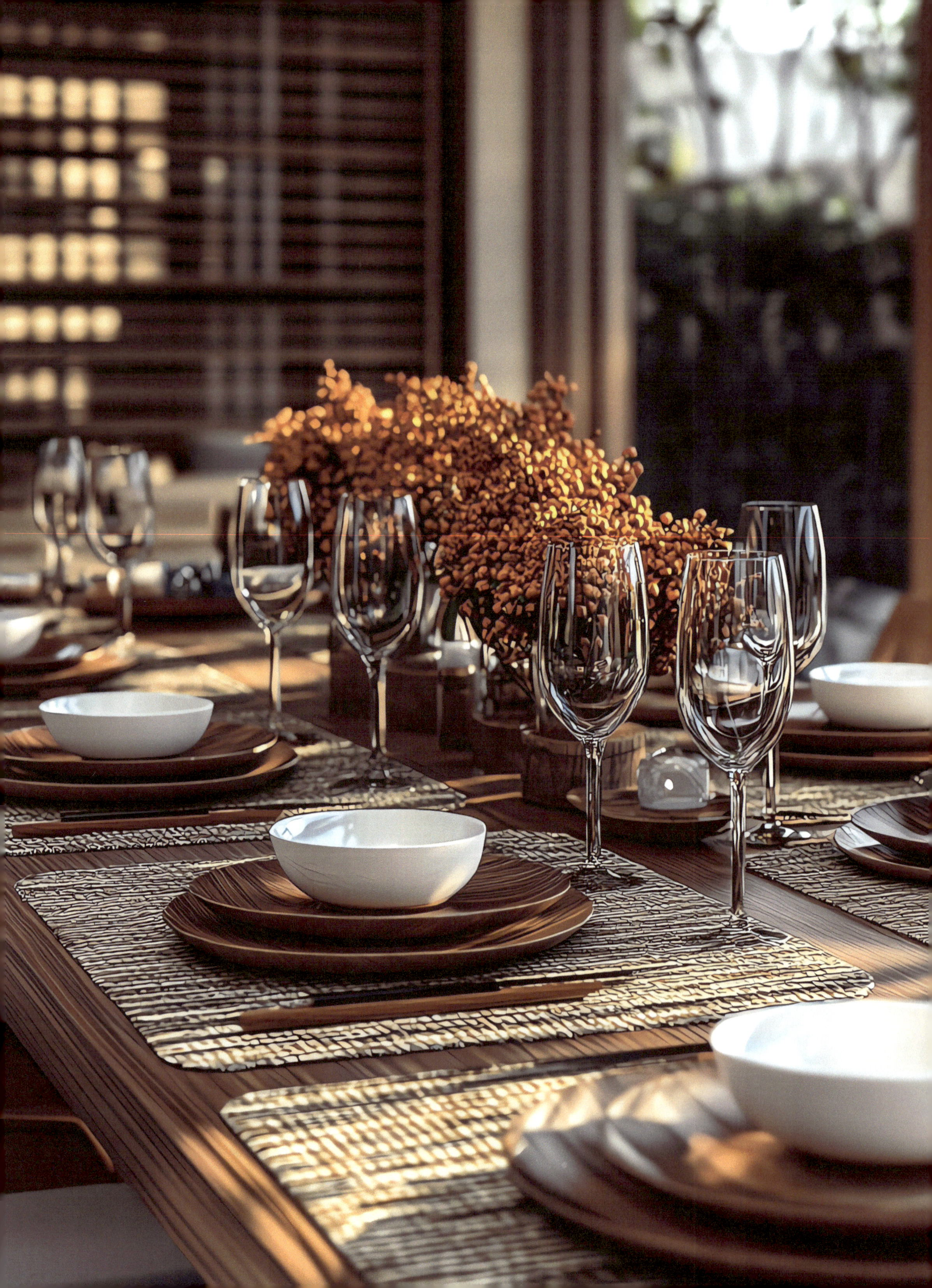

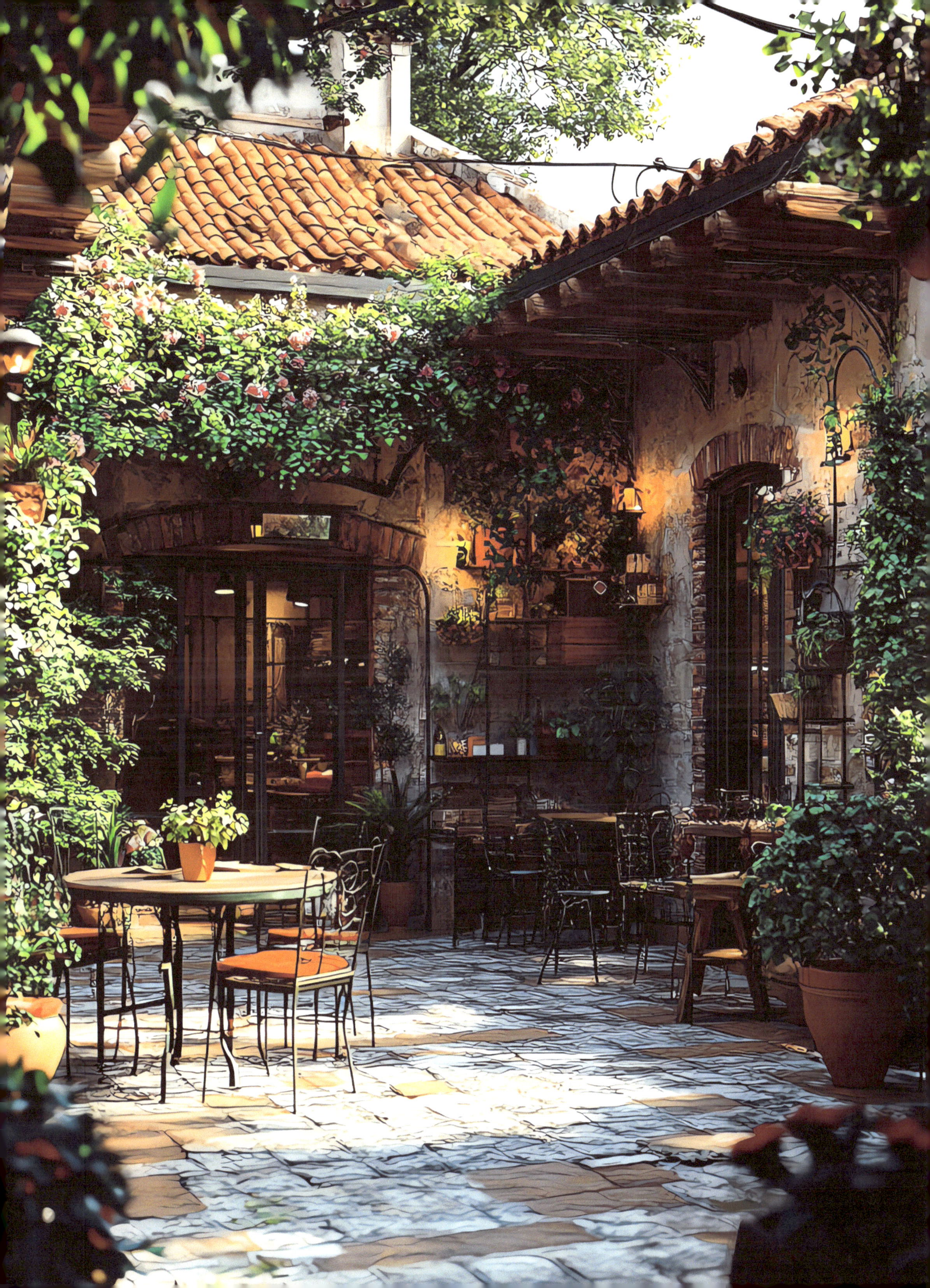

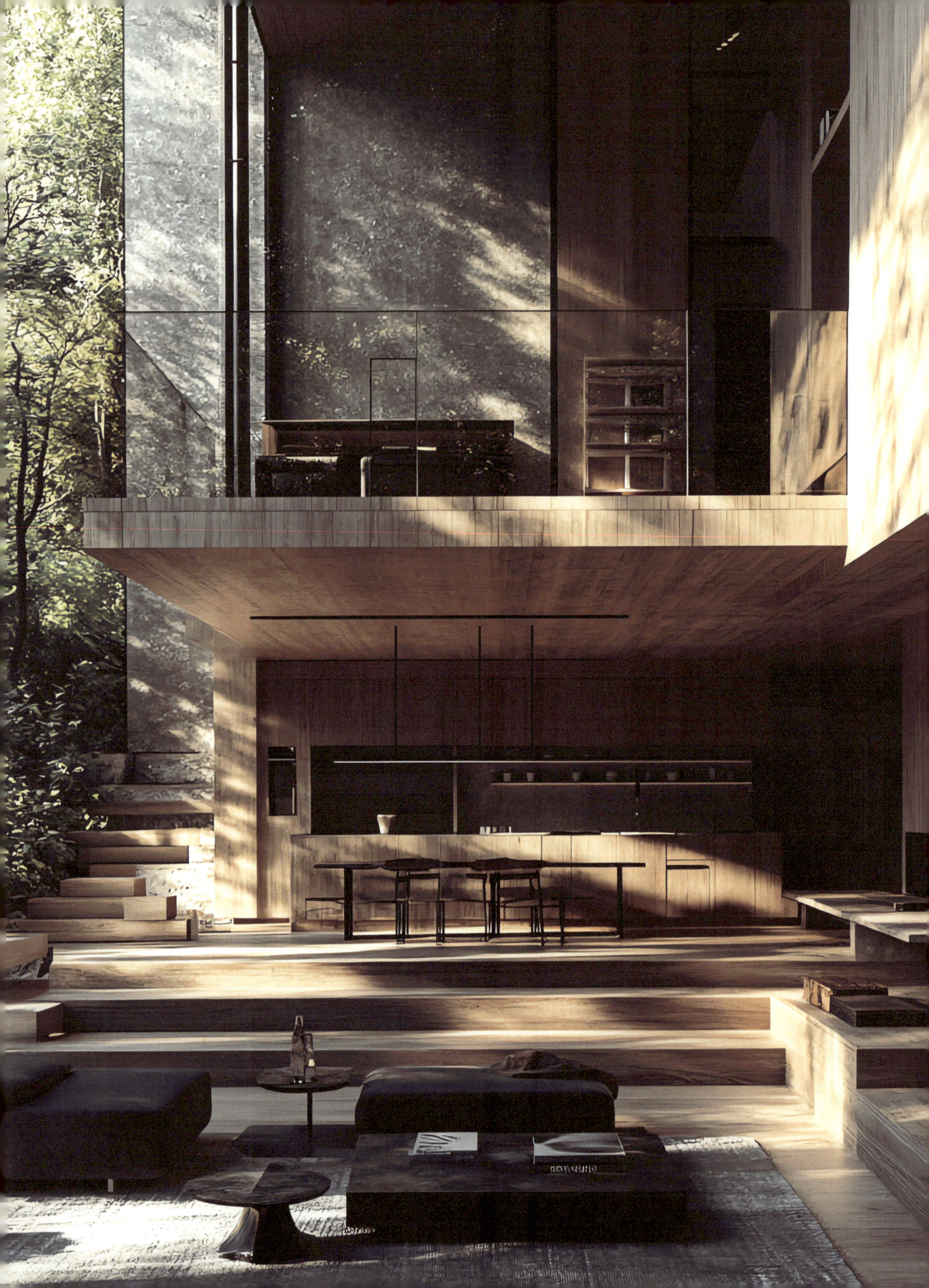

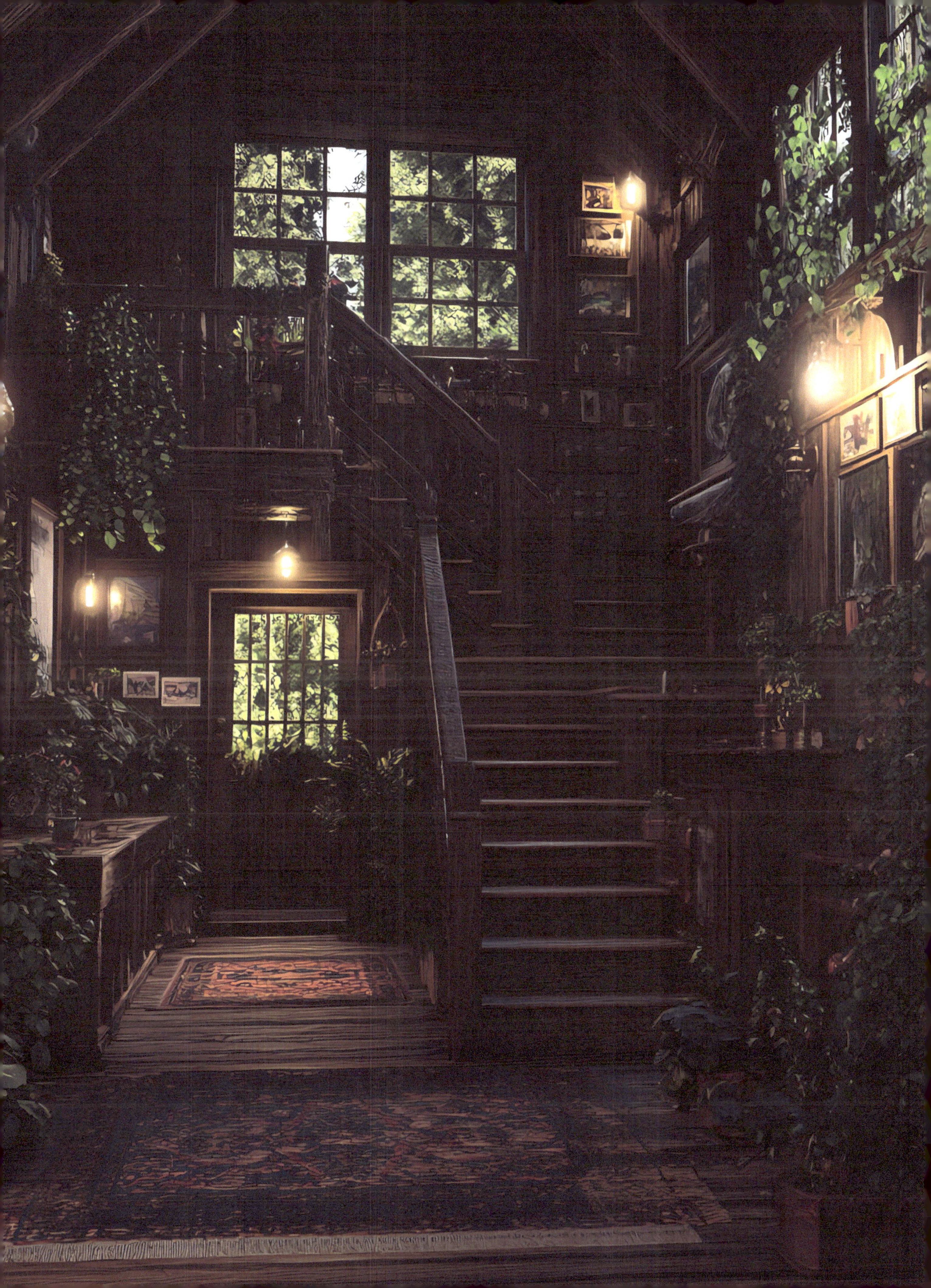

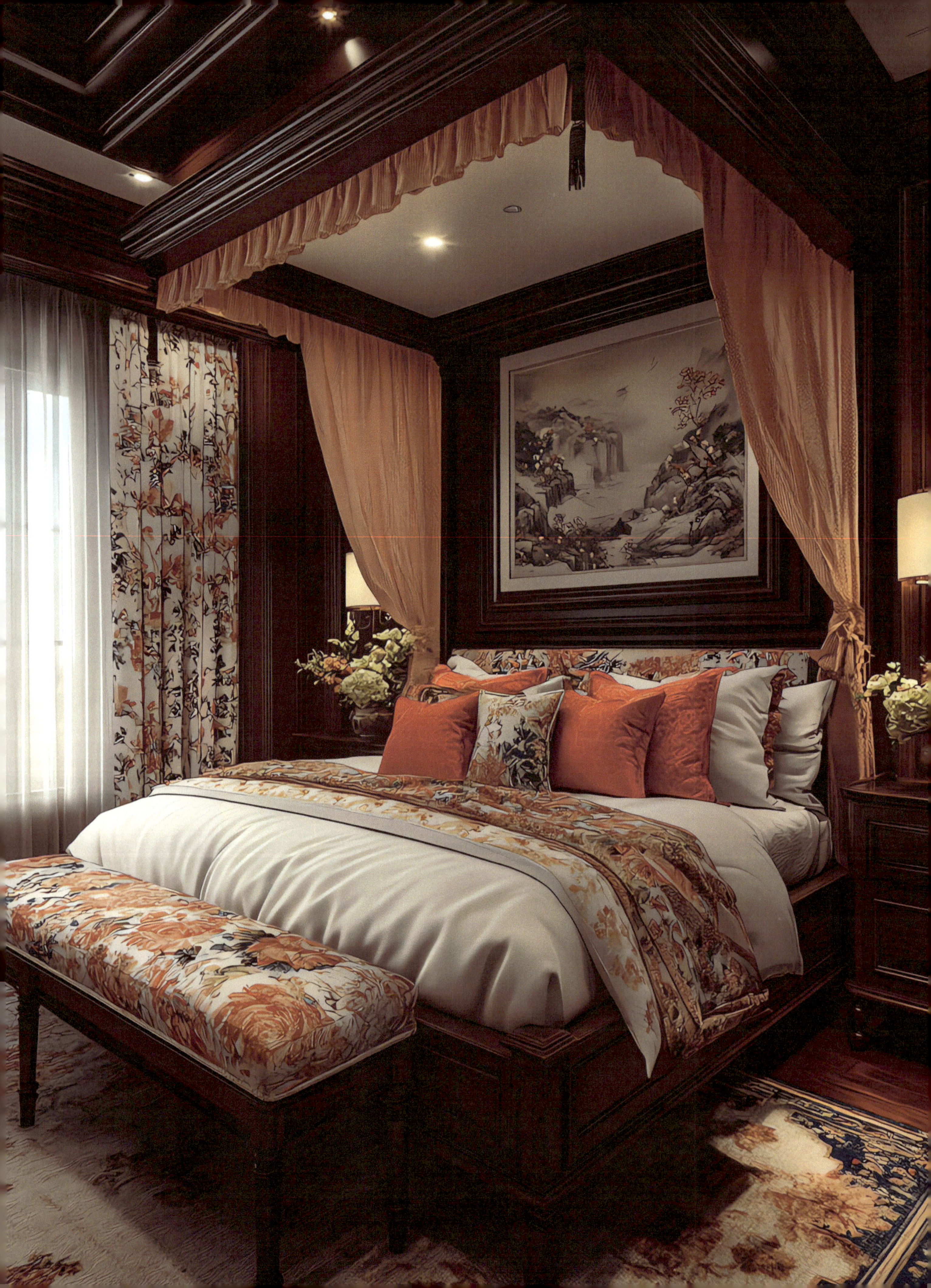

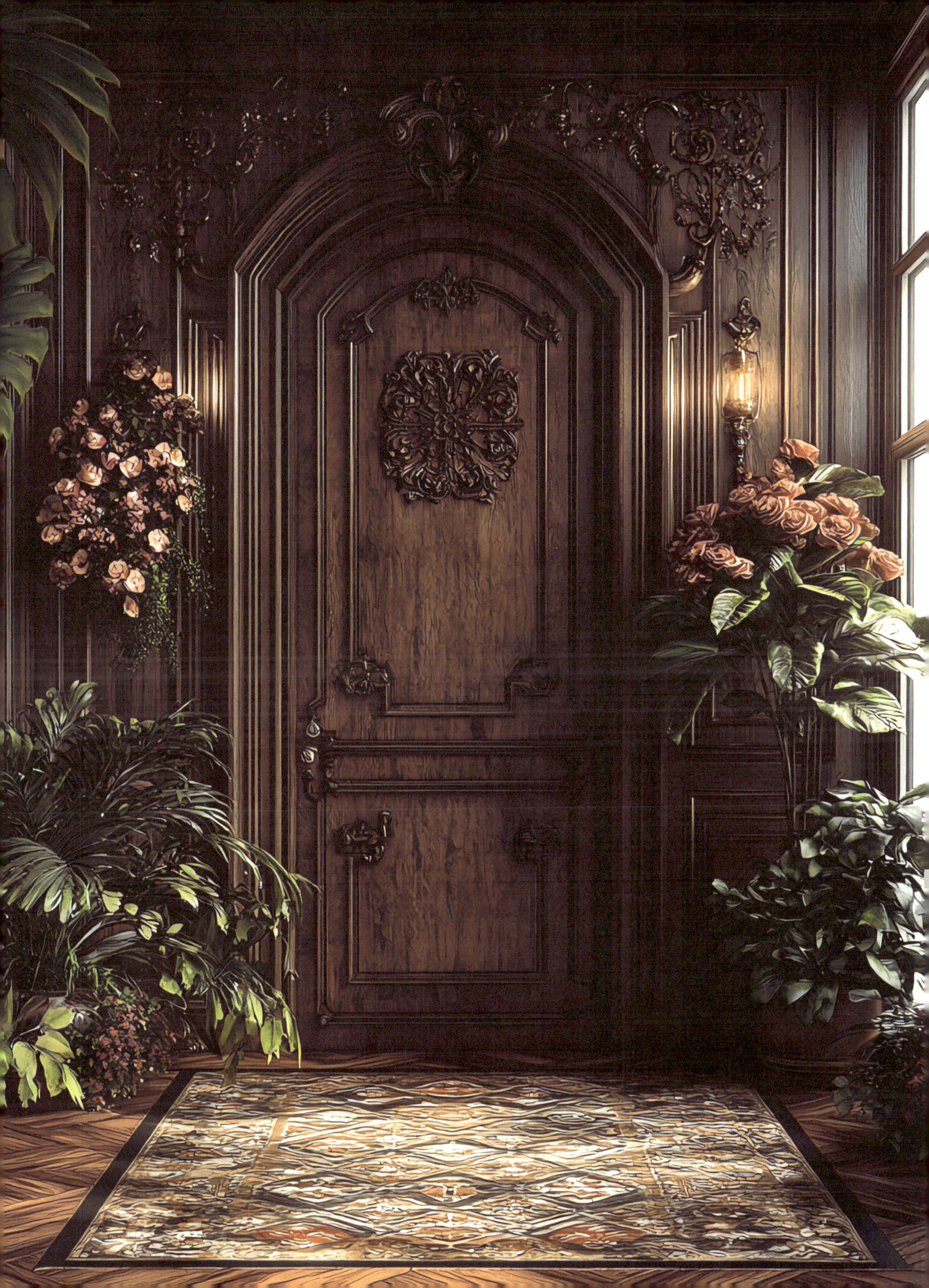

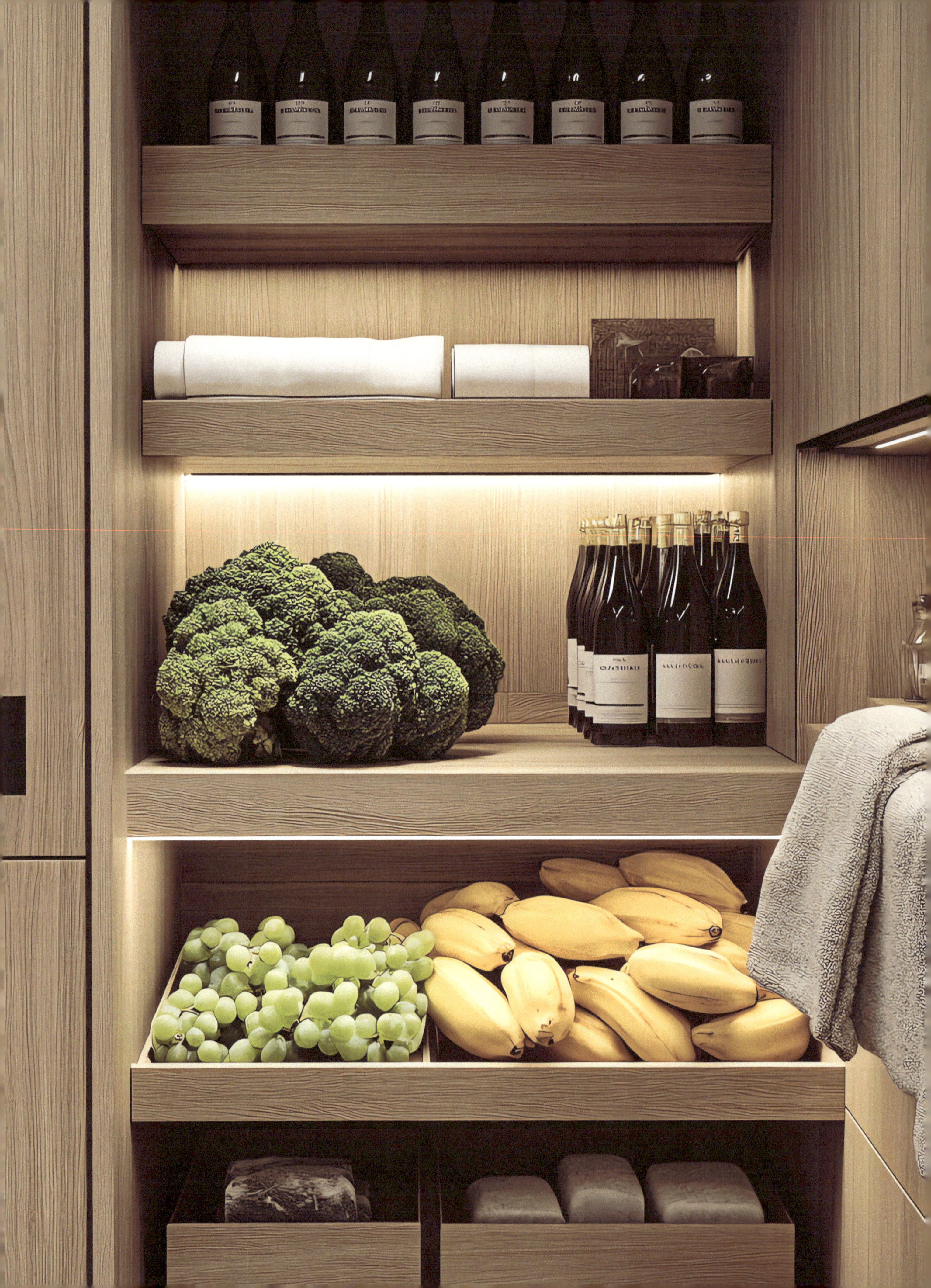

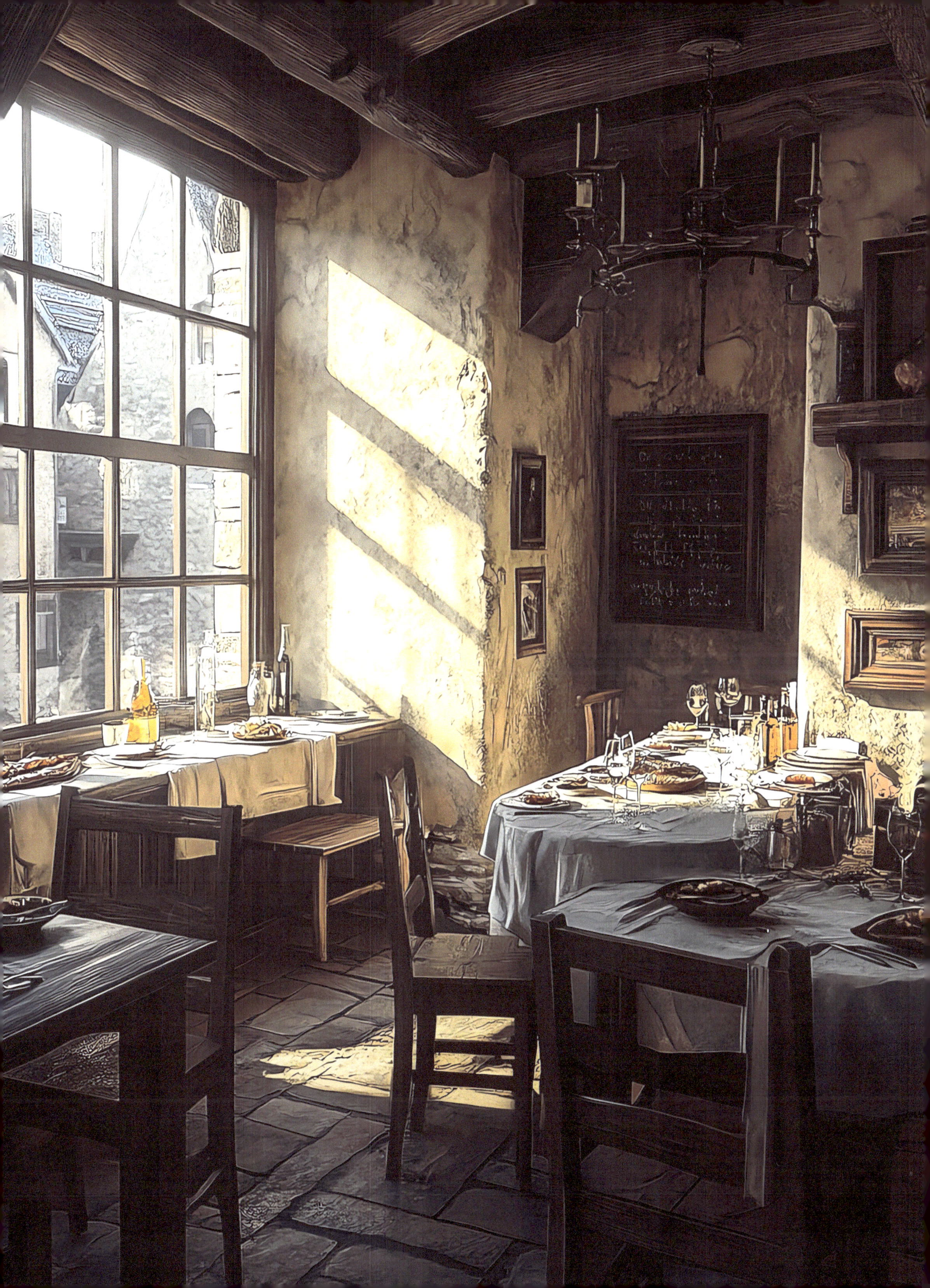

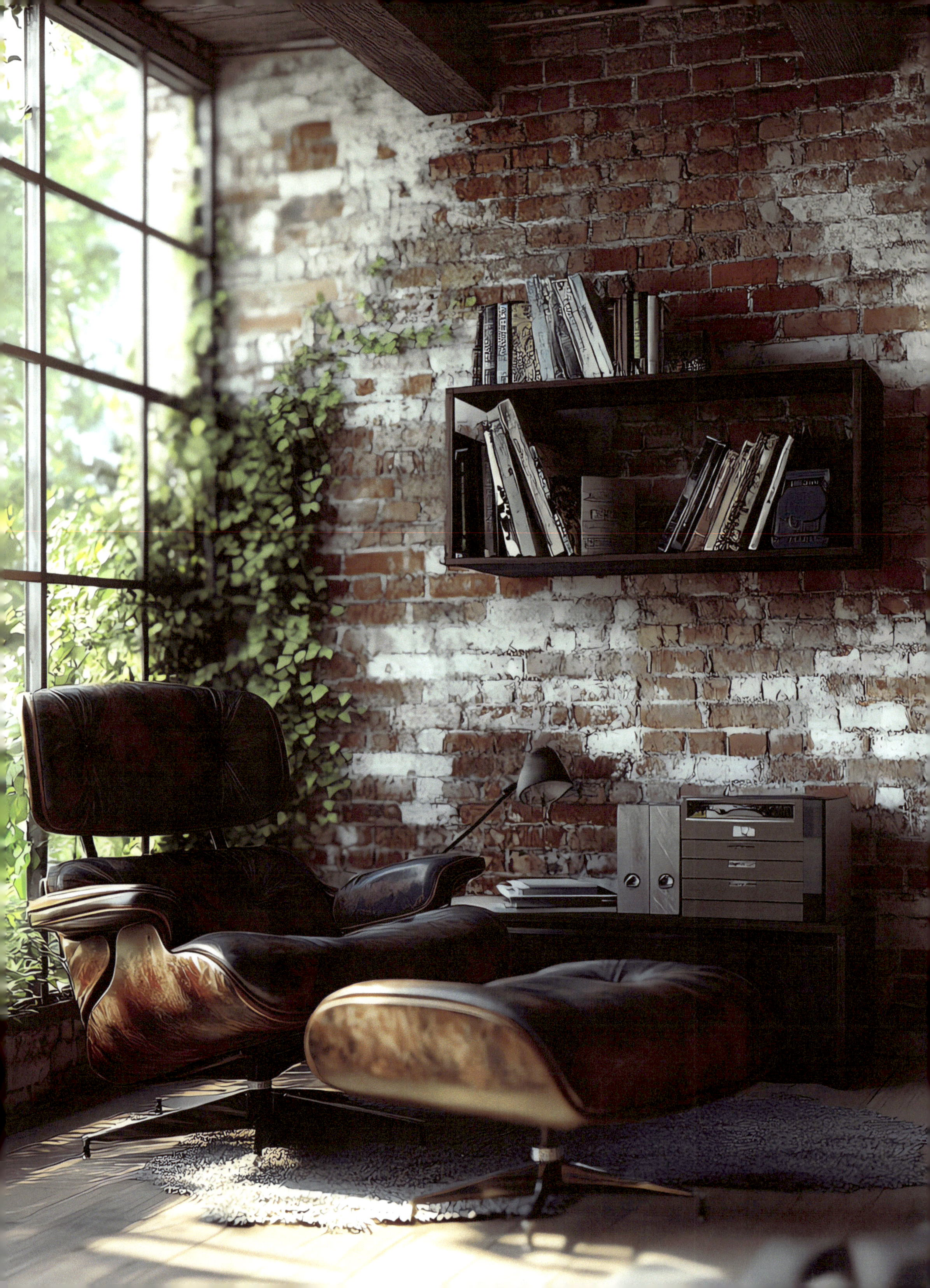

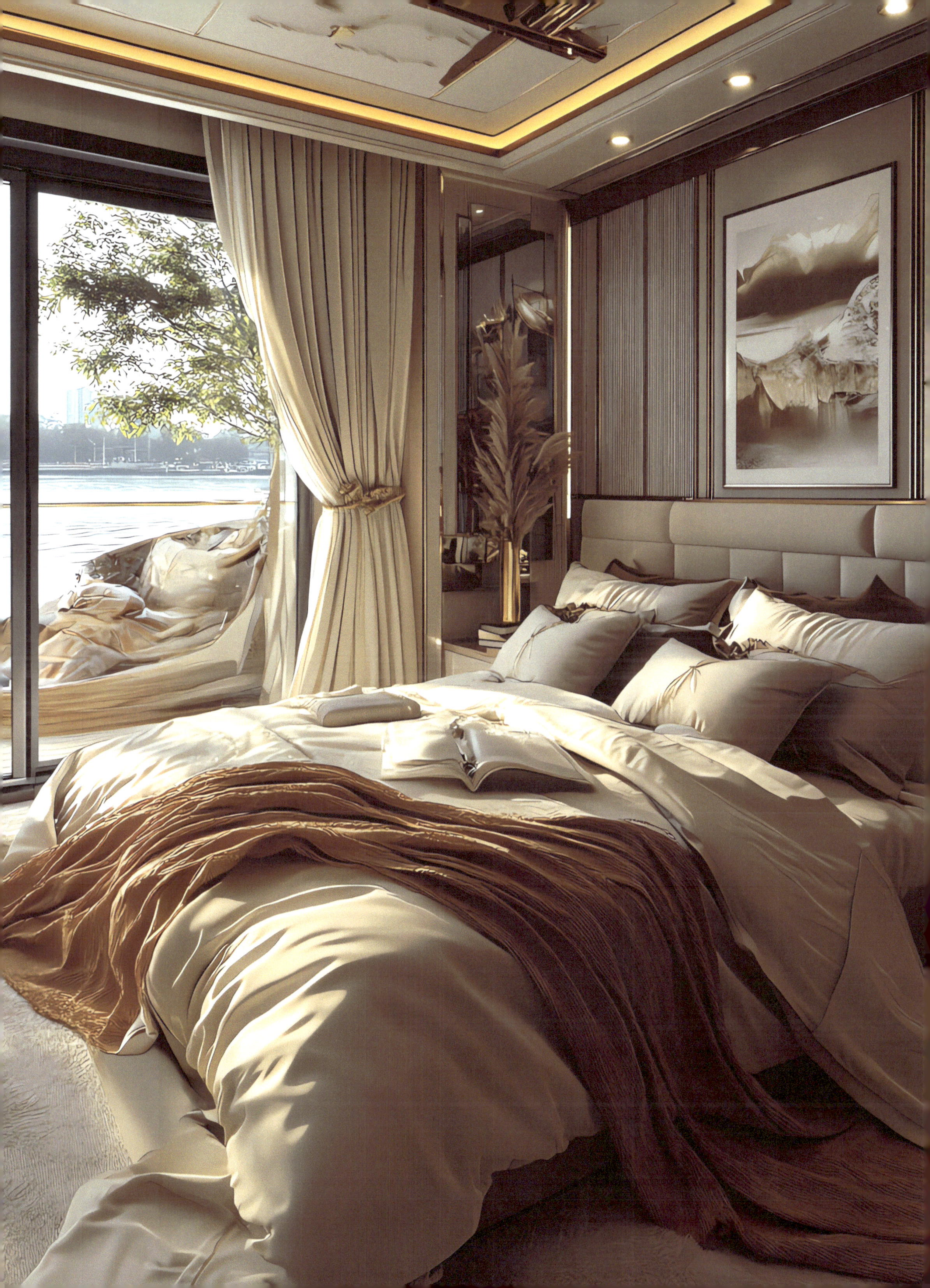

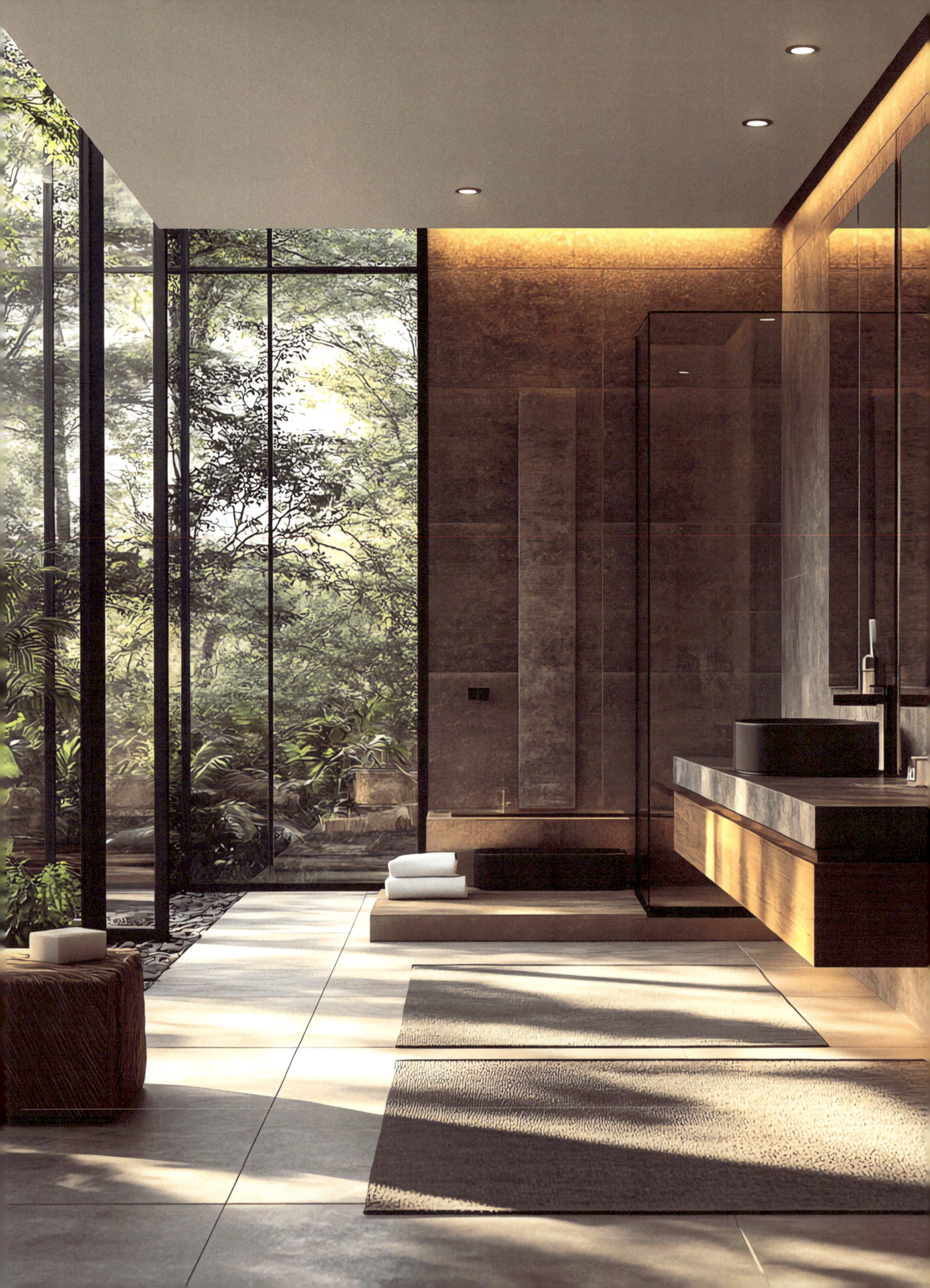

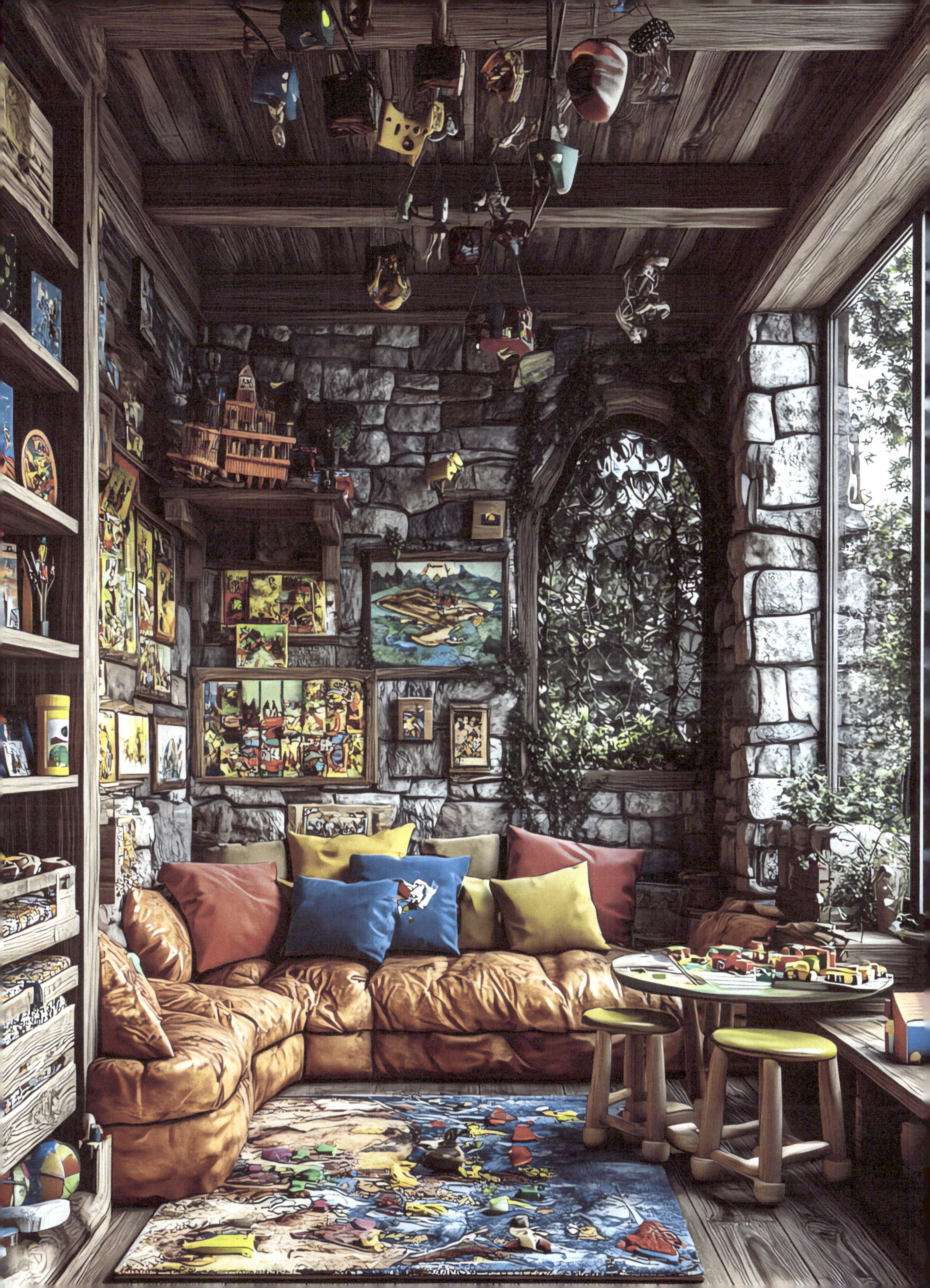

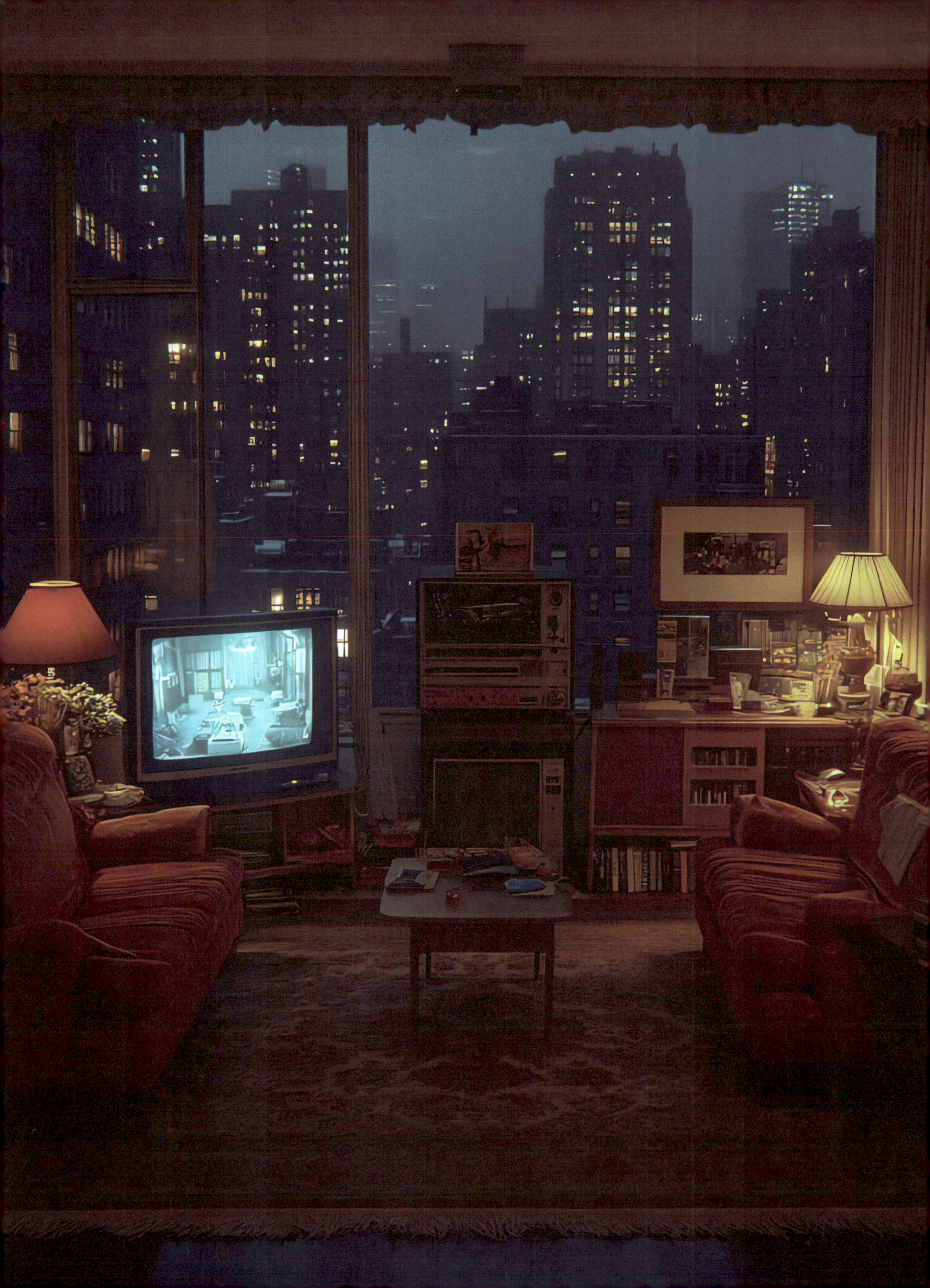

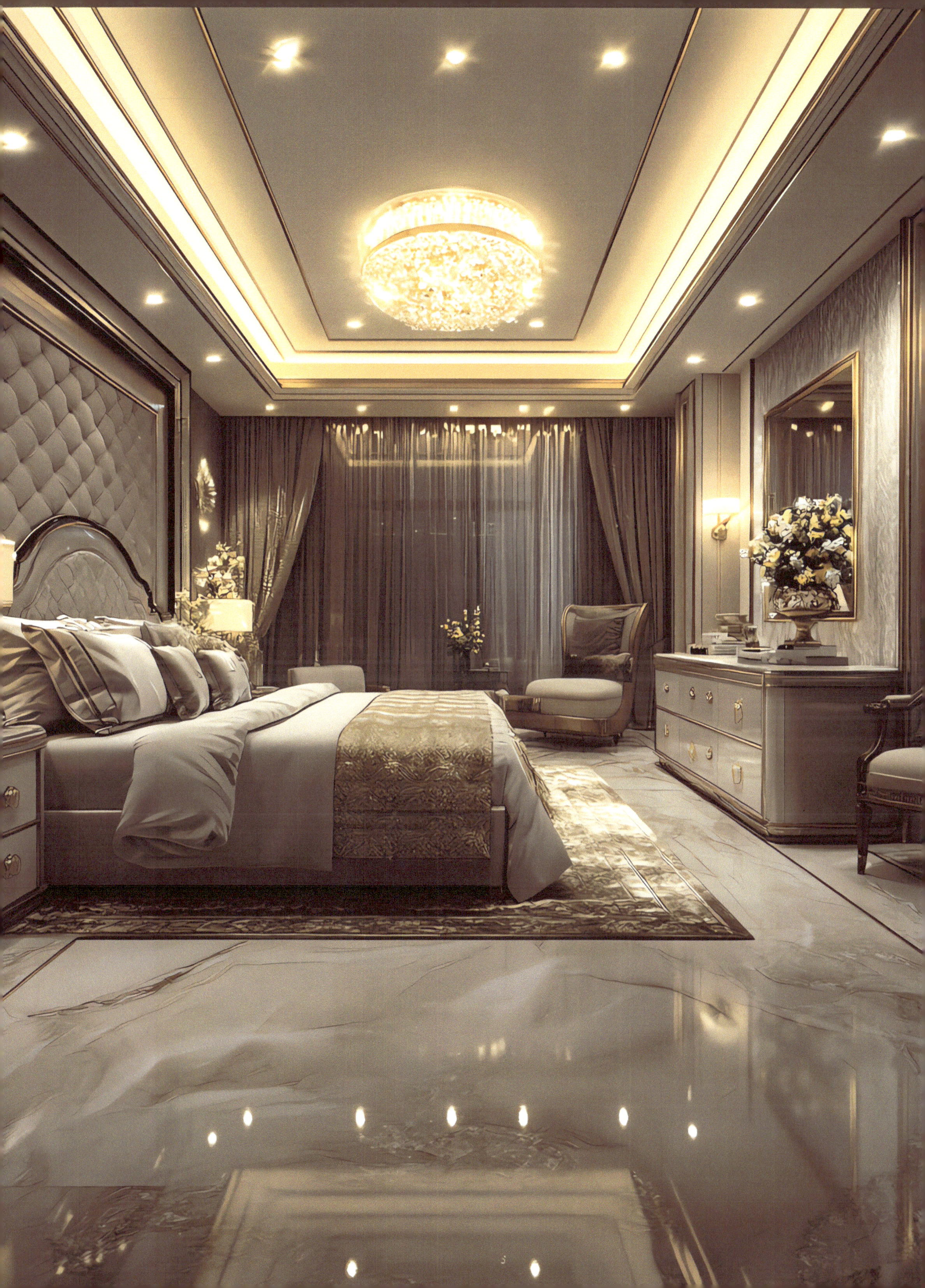

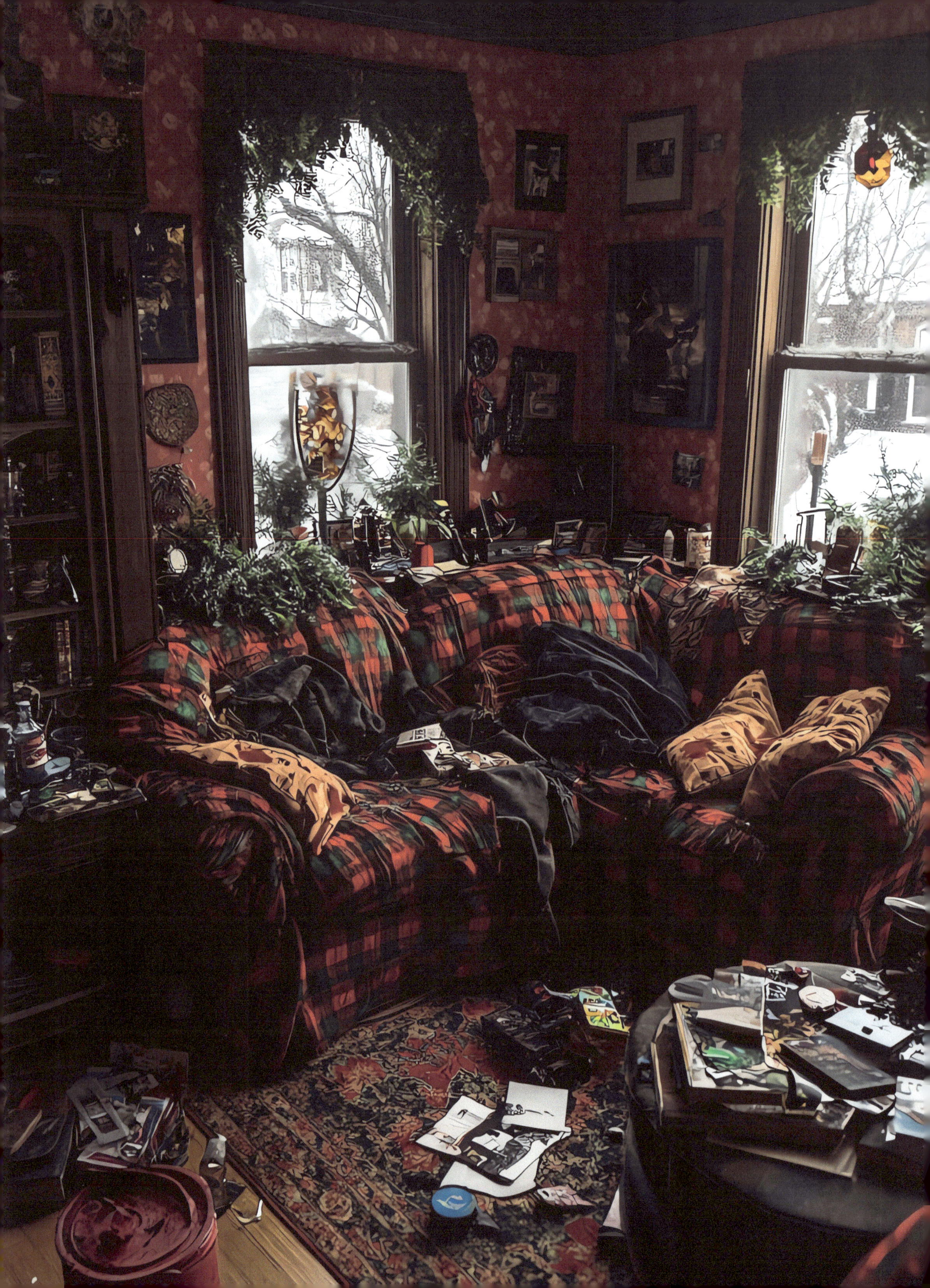

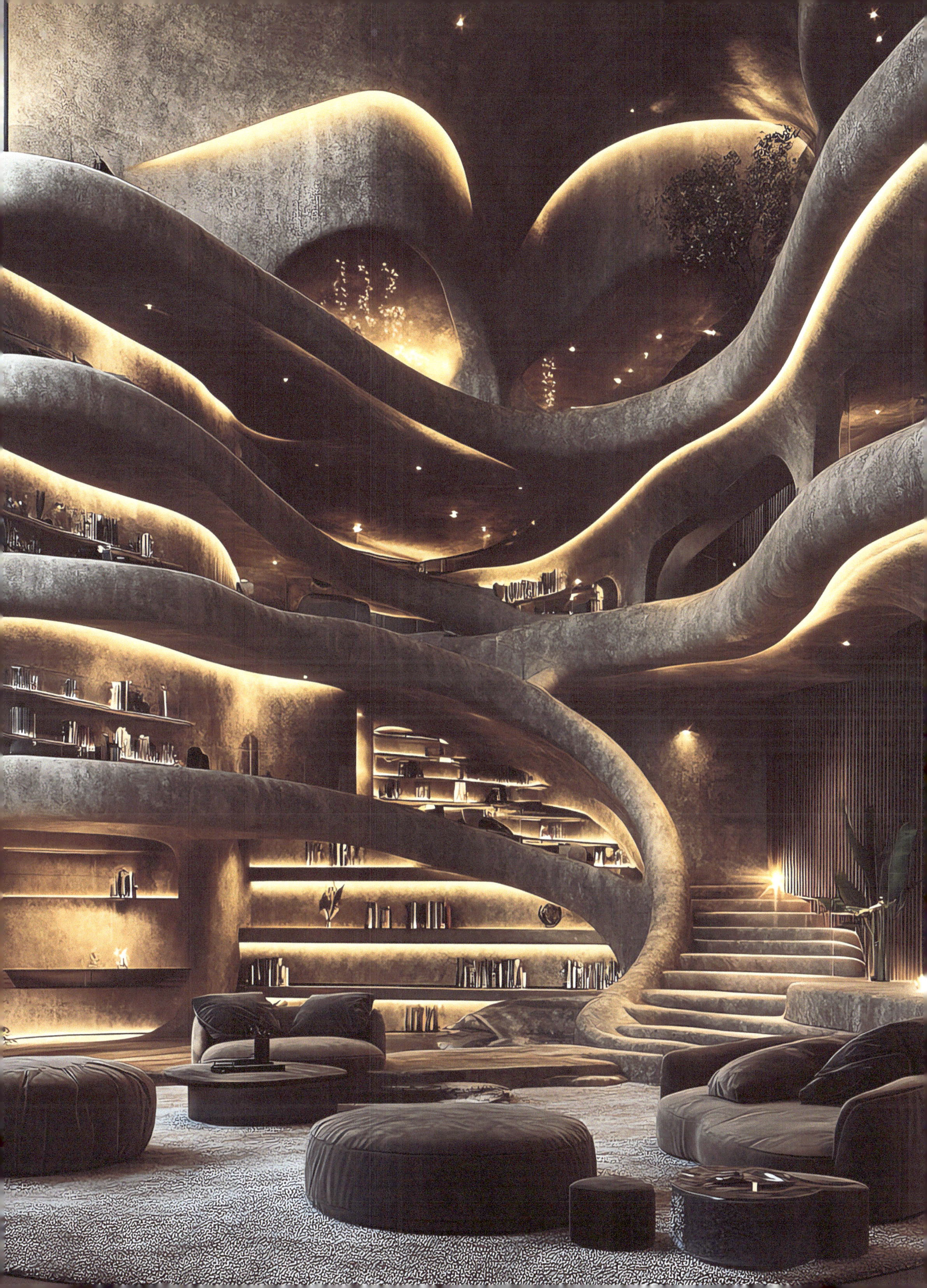

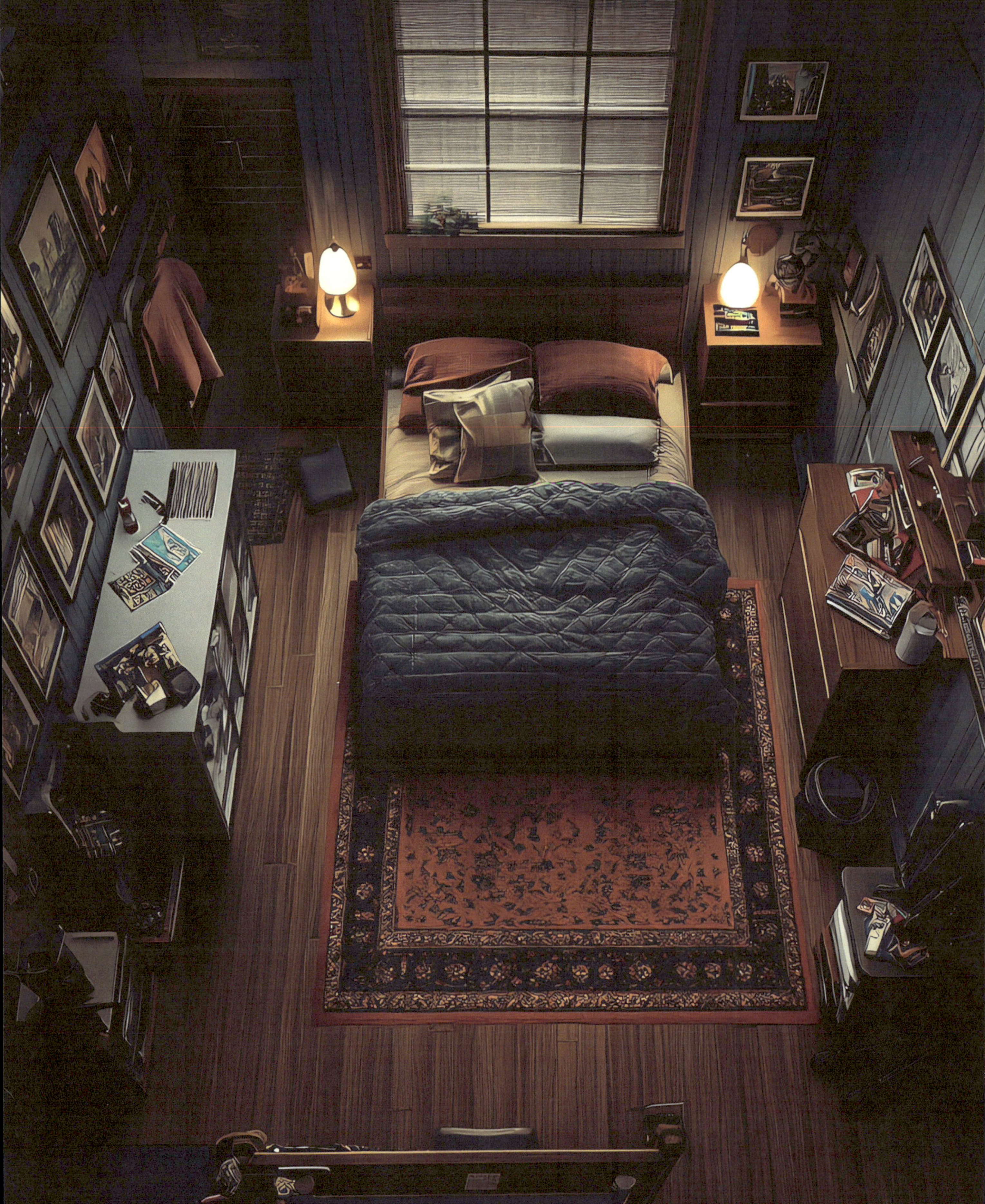

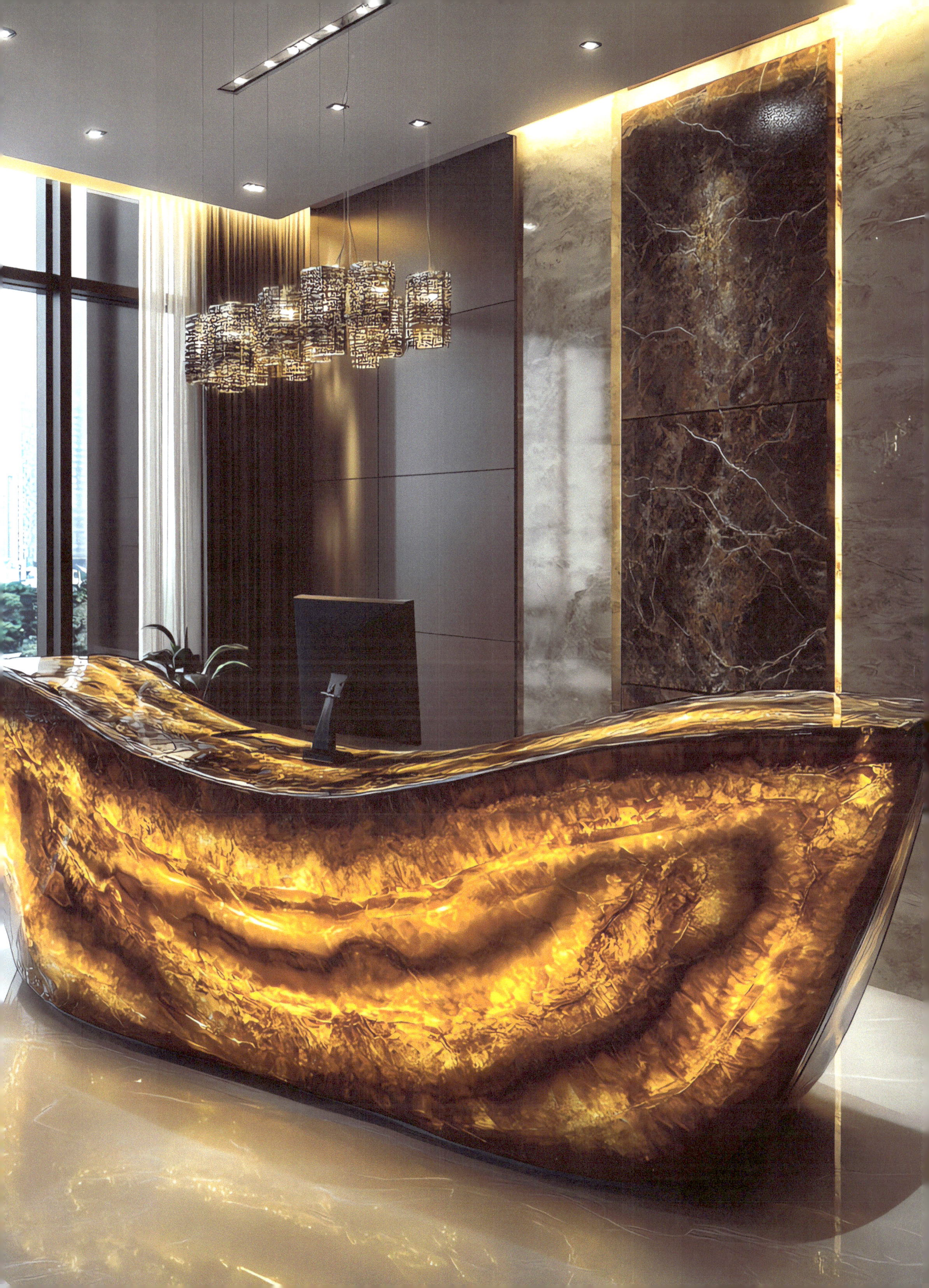

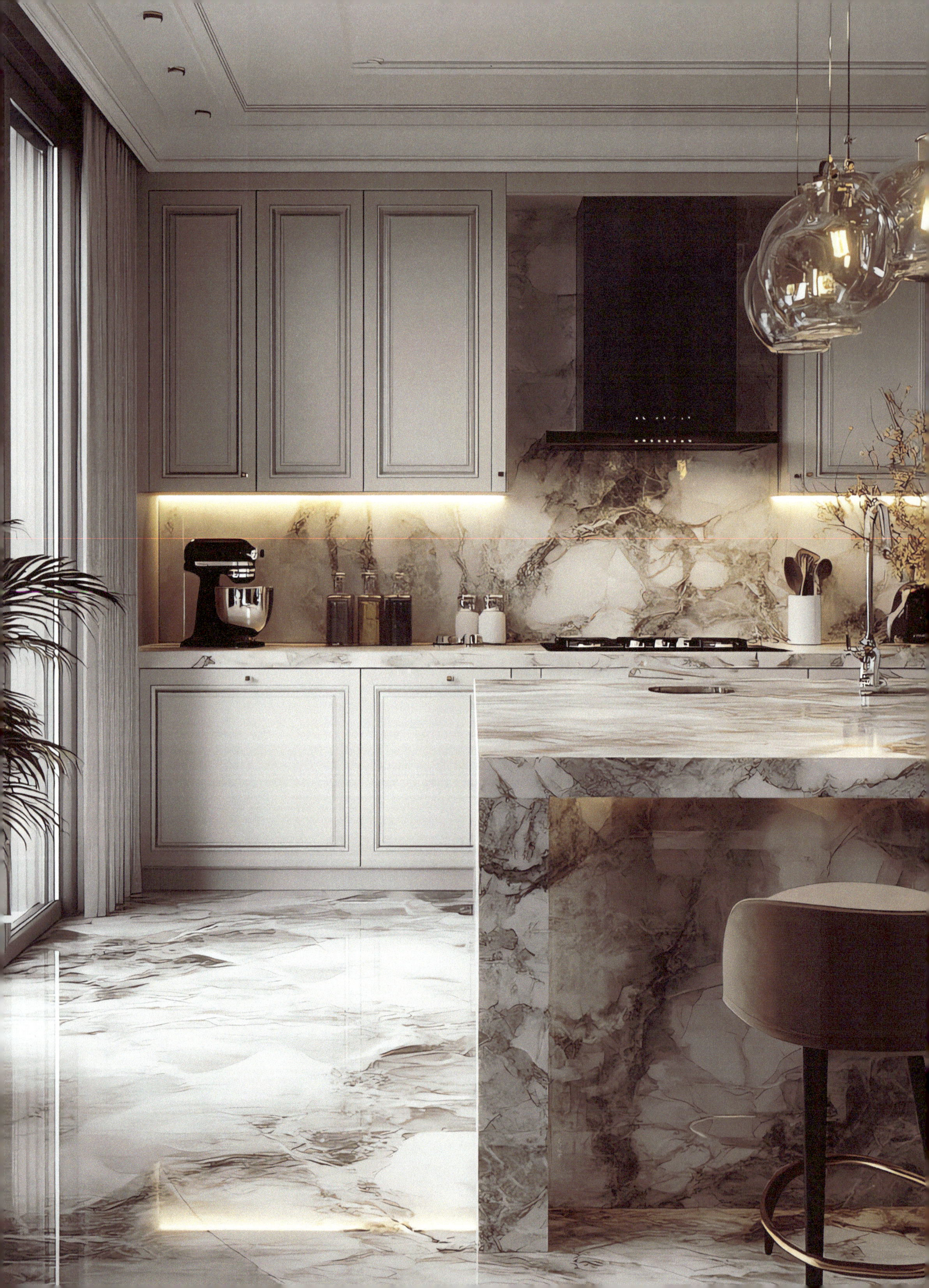

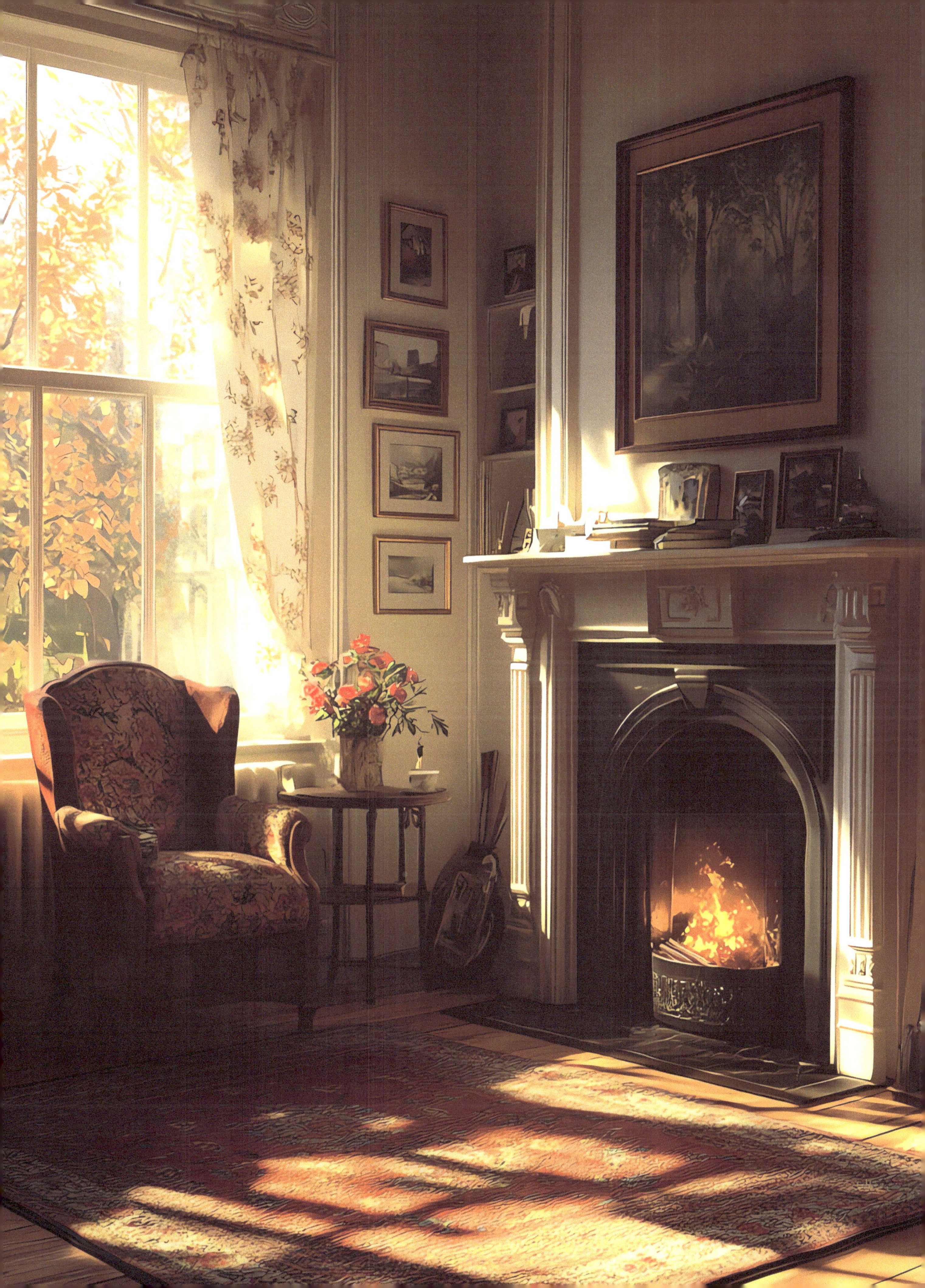

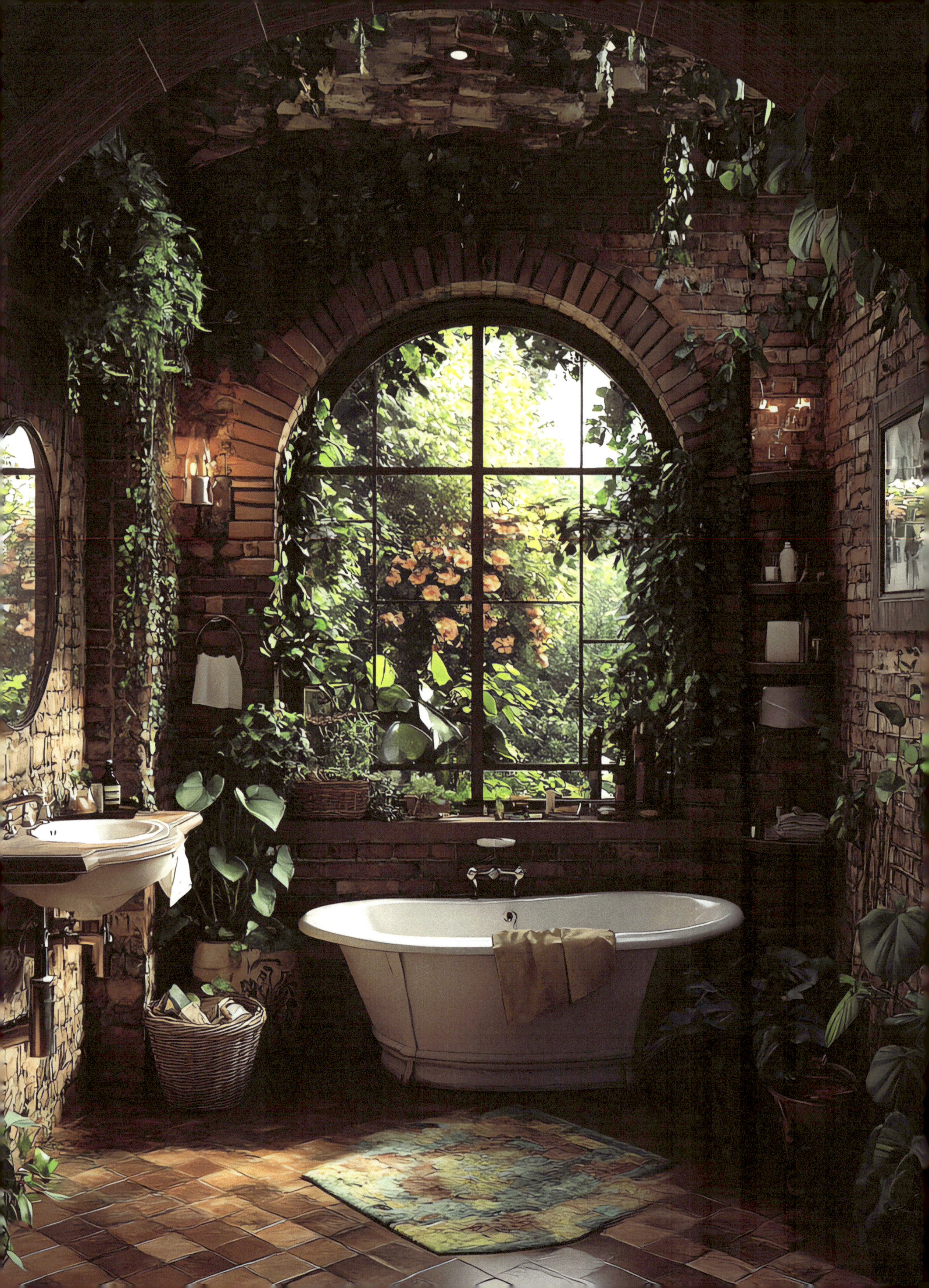

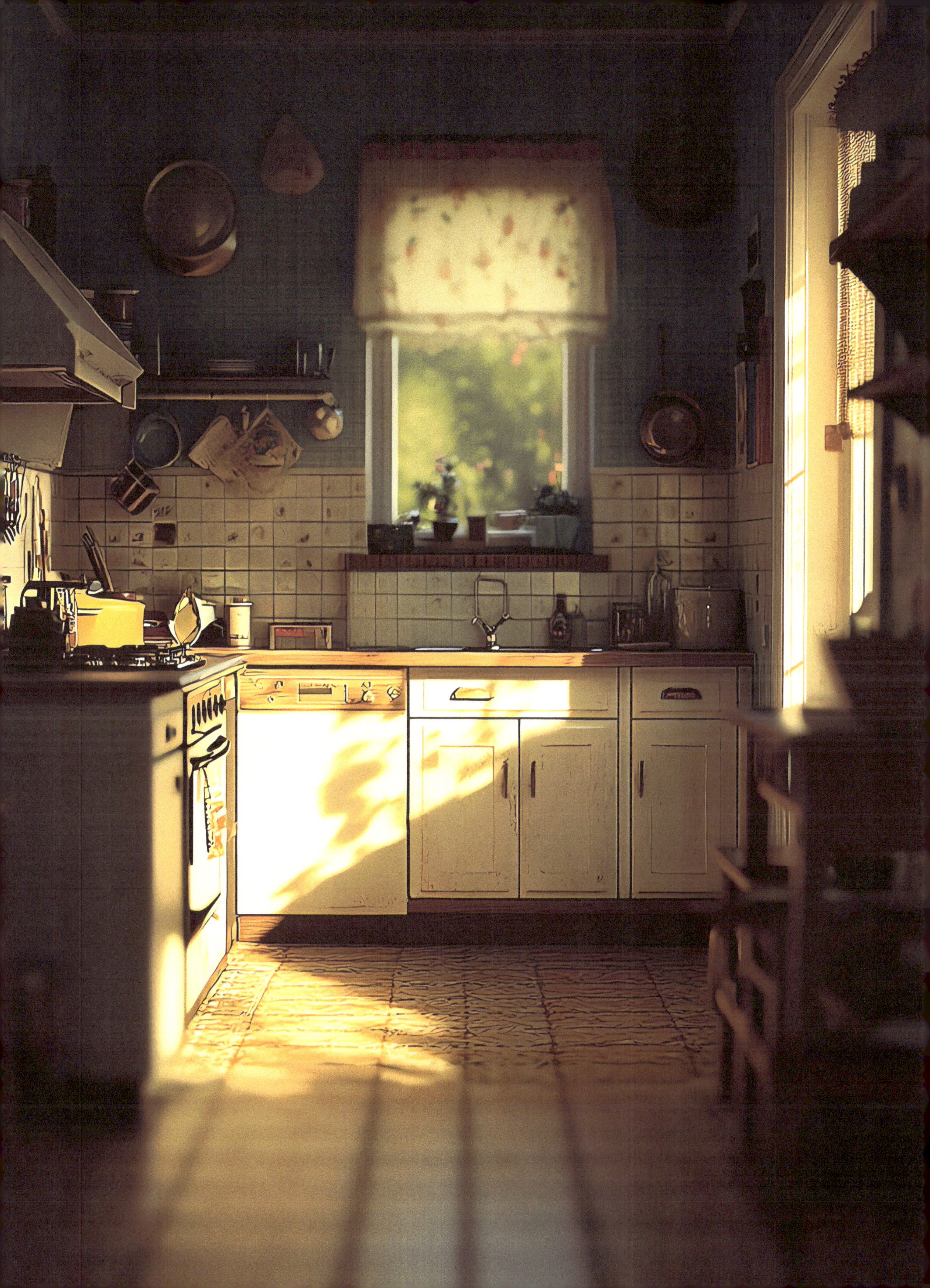

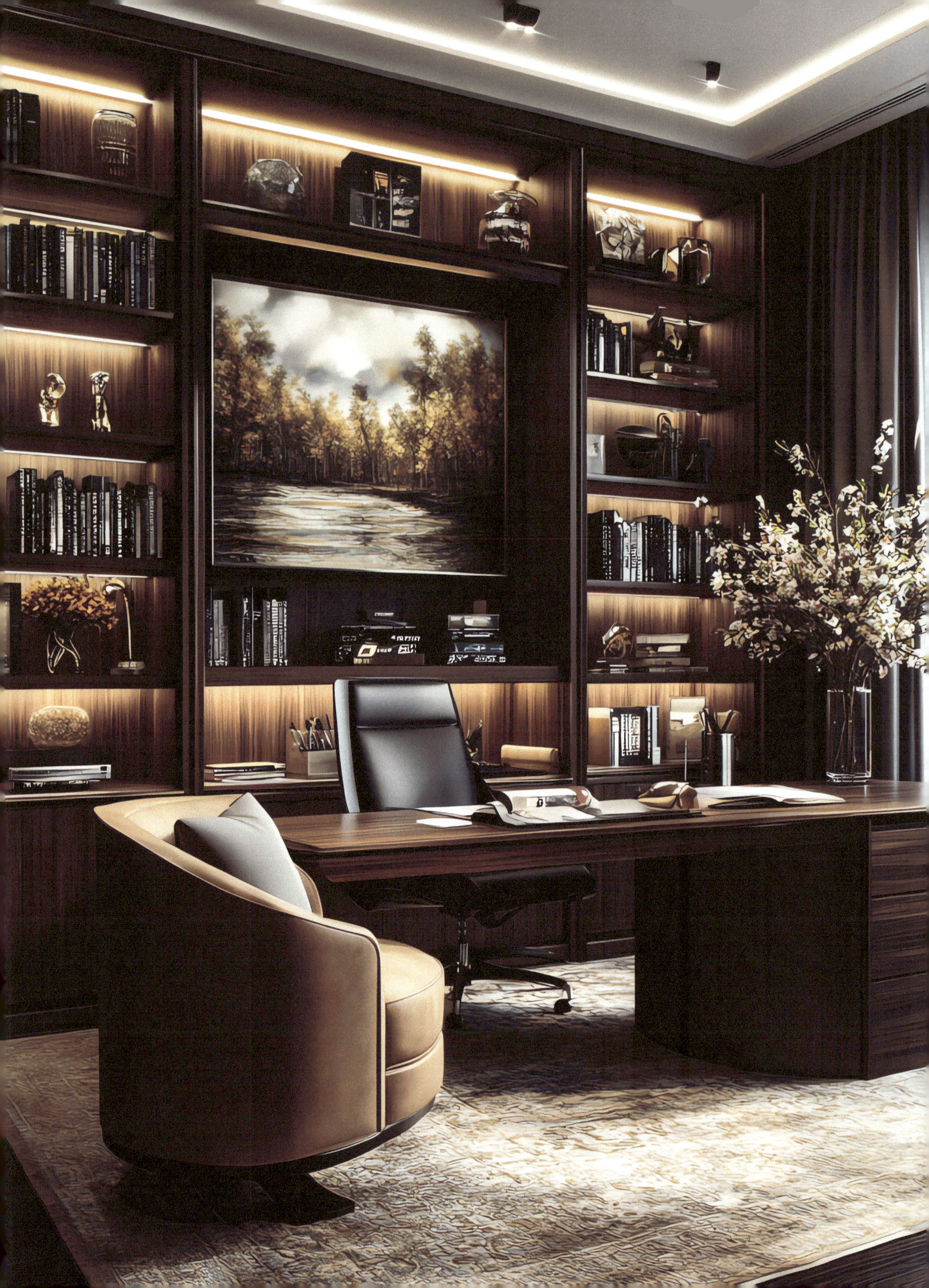

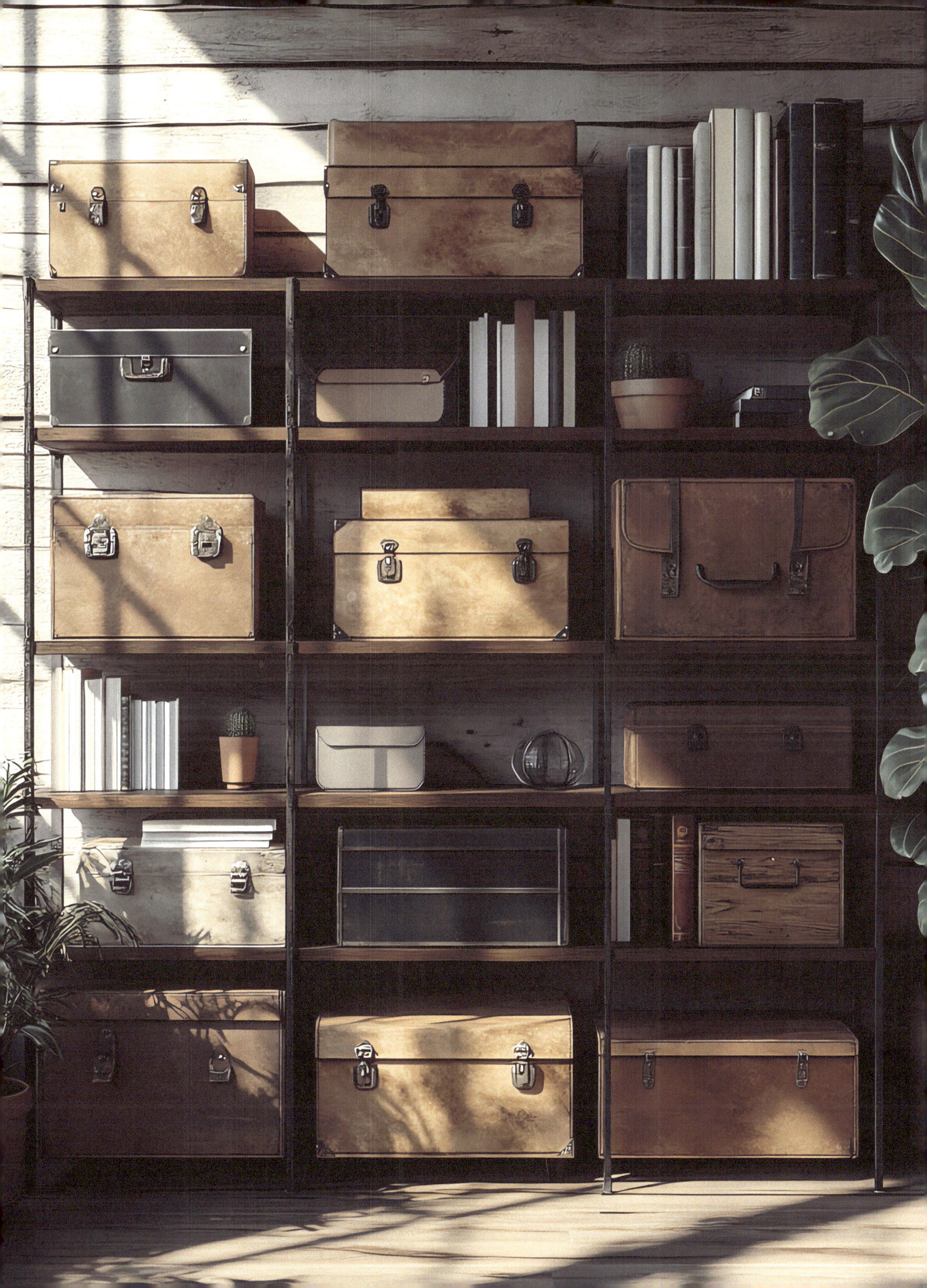

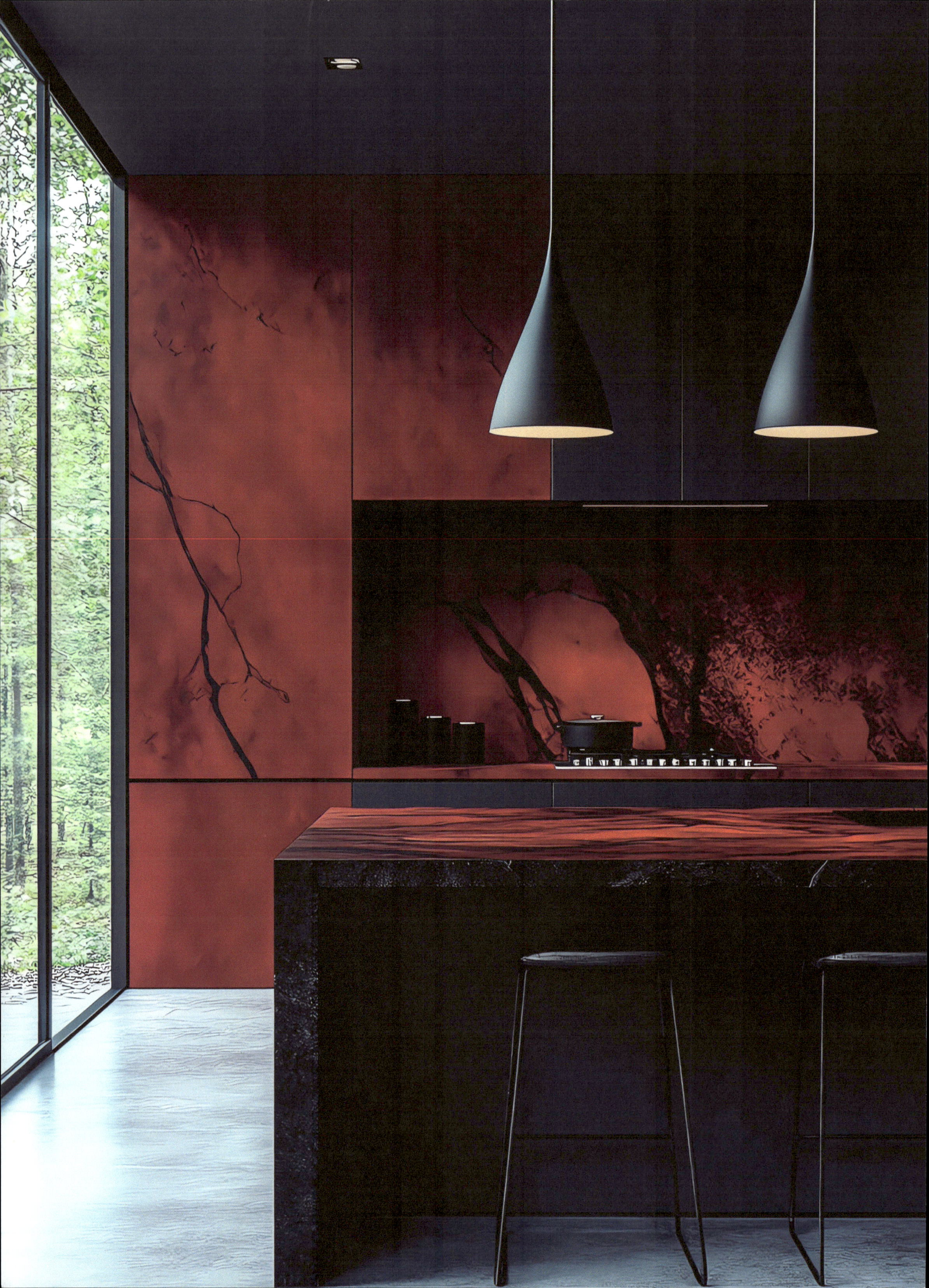

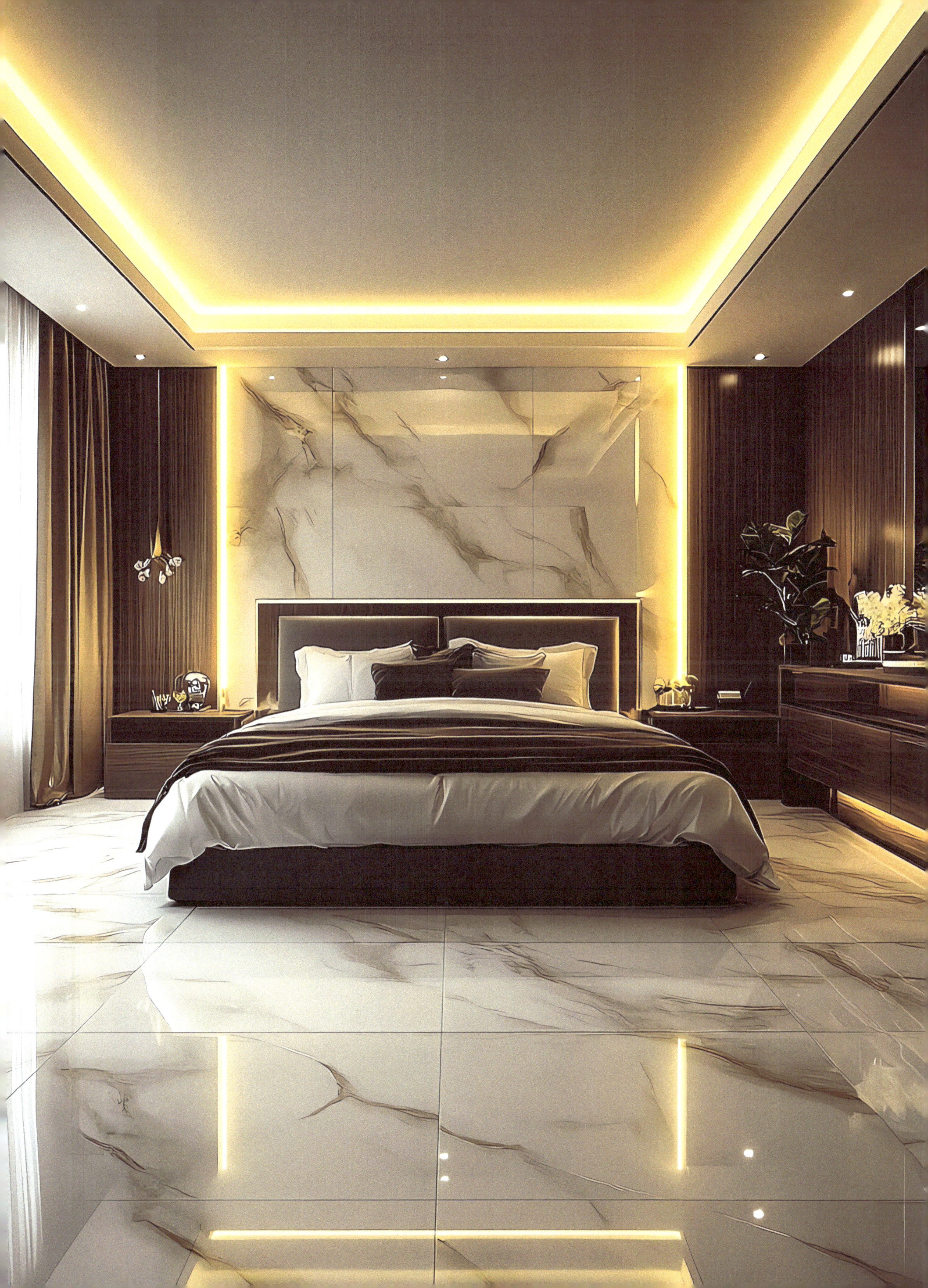

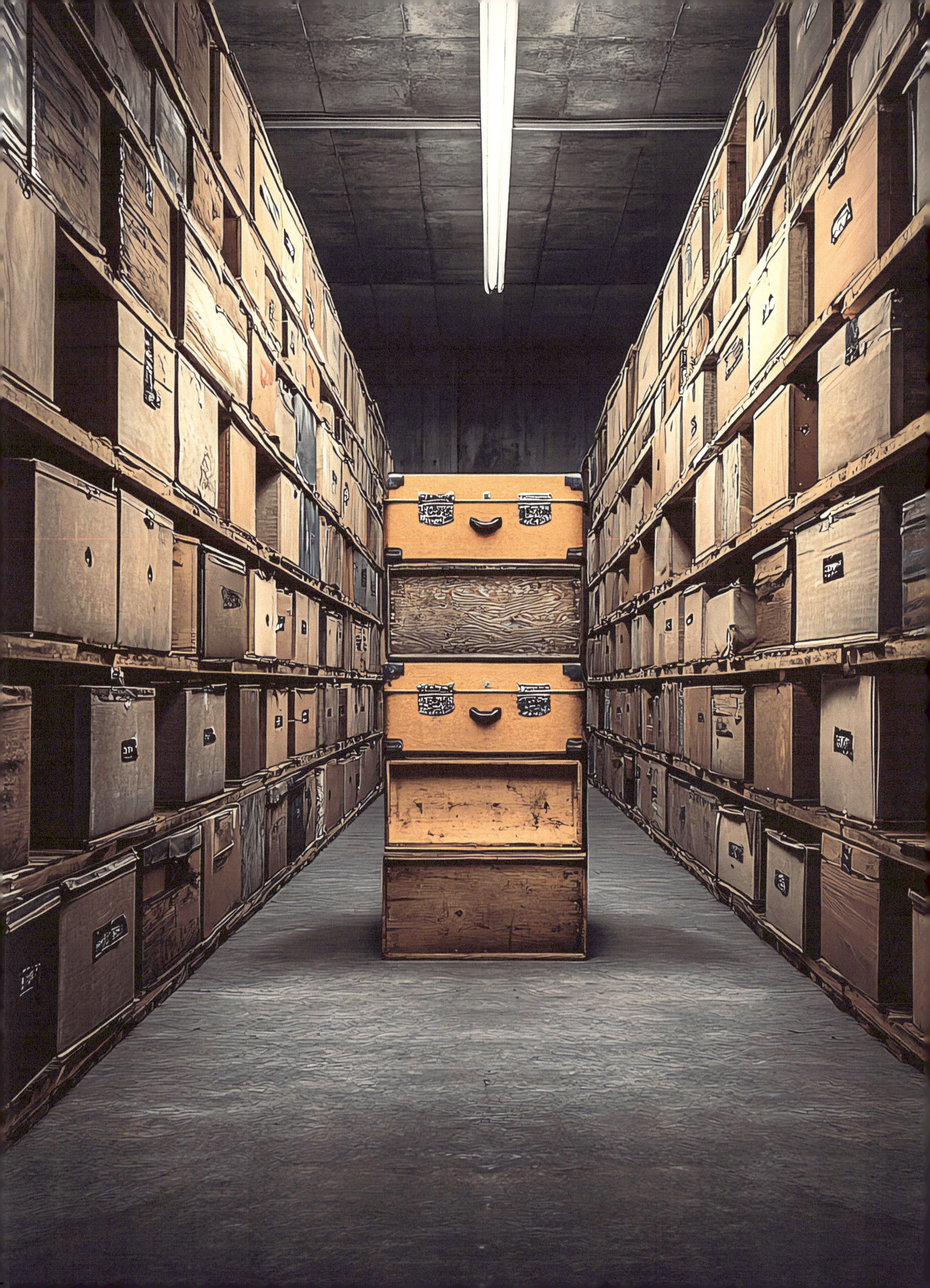

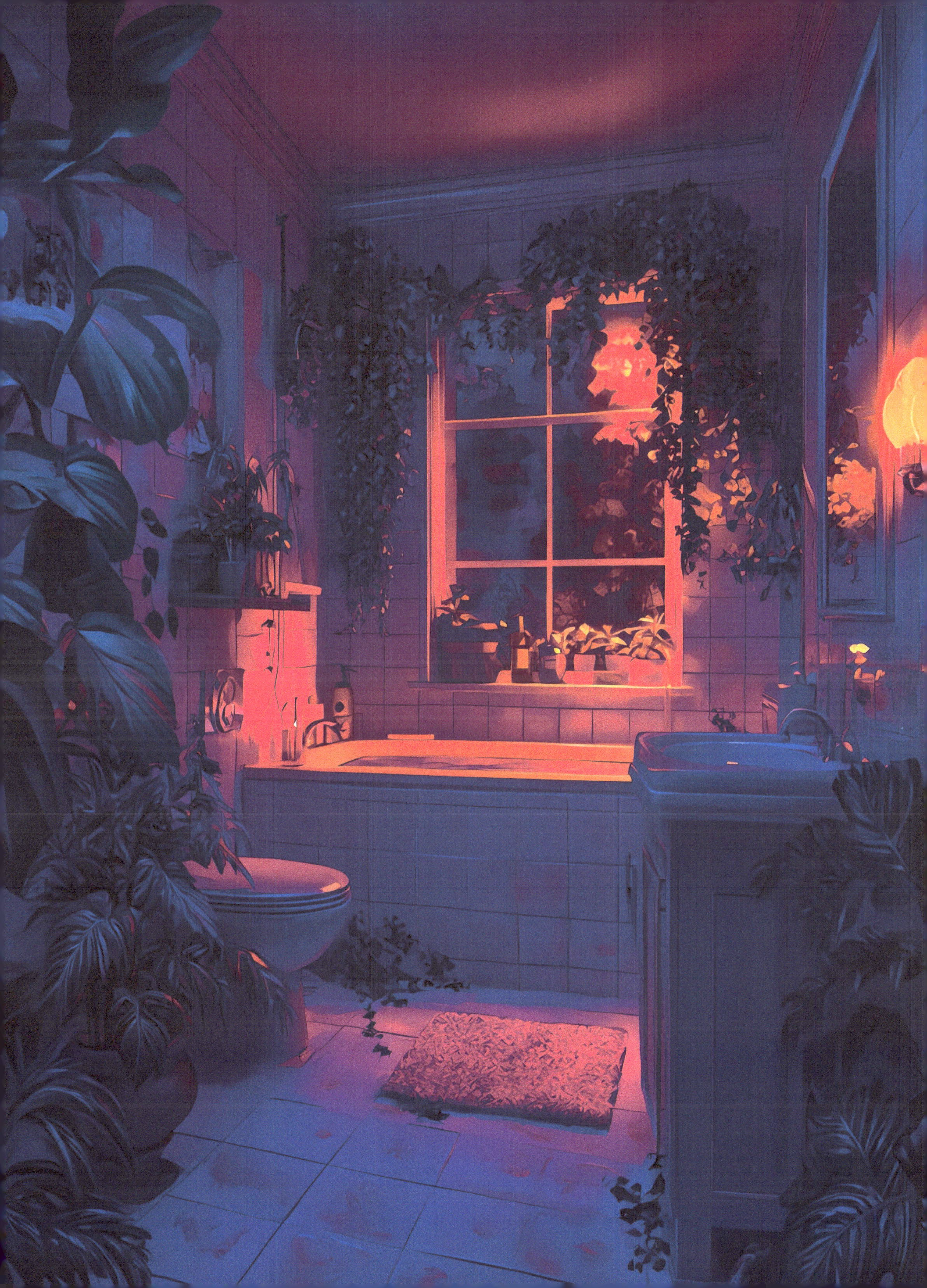

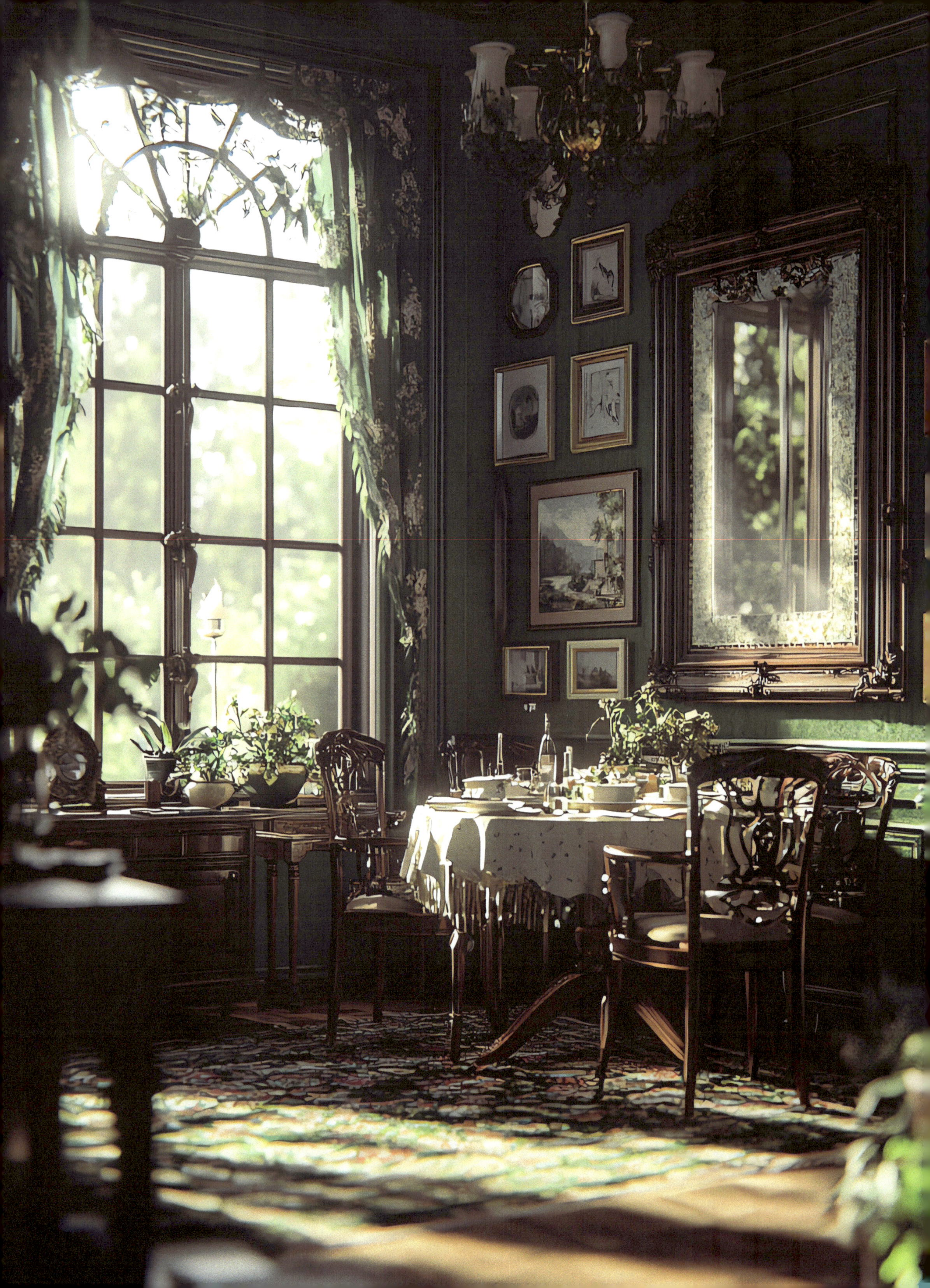